W0062819

Clara Vada Padovani

nutella®

Von Italiens Spitzenköchen neu entdeckt.

Nachspeisen und Eisspezialitäten

mit einem Nutella-Wörterbuch von Gigi Padovani

ALLPART MEDIA

Mein ganz besonderer Dank gilt den 33 Köchinnen und Köchen, Konditoren und Meistern für Eisspezialitäten, die mir Zeit, Ideen und Vorlagen zur Verfügung gestellt haben. Sie waren mir verlässliche Wegbegleiter bei diesem großartigen Nutella-Abenteuer. Für die Fotos des zweiten Teils möchte ich mich ganz besonders bei Francesca Brambilla und dem Küchenchef Federico Coria bedanken, die sich mit viel Liebe der Ausführung der Rezepte gewidmet haben. Bei den Fotos für den ersten Teil stand mir Rosalba Gioffré professionell zur Seite, und Paola Pecoraro Lo Schiavo habe ich zahlreiche Ratschläge zu verdanken.

Ich bedanke mich außerdem bei der Firma Ferrero S.p.A. für die Zusammenarbeit und das zur Verfügung gestellte Bildmaterial. So wurde es mir ermöglicht, meine Buchidee zu verwirklichen, nicht zuletzt mit Unterstützung meines Mannes Gigi Padovani, der das Wörterbuch beigesteuert hat.

Clara Vada Padovani

Das in diesem Buch abgedruckte Bildmaterial stammt, mit Ausnahme anderweitiger Angaben, aus dem Archiv der Firma Ferrero. Alleininhaber der Marke Nutella ist die Ferrero S.p.A. Alle Rechte vorbehalten.

Der Herausgeber erklärt sich bereit, eventuell anfallende Gebühren für Bildmaterial, dessen Quelle nicht auffindbar war, zu erstatten.

Wir danken der Ferrero Deutschland GmbH für die freundliche Genehmigung der Nutzung der Markenrechte Nutella.

© der deutschen Erstausgabe 2010 by ALLPART MEDIA GmbH, Neue Grünstr. 18, 10179 Berlin

© der italienischen Originalausgabe 2006 by Giunti Editore S.p.A., Florenz – Mailand www.giunti.it

Die Verwertung der Texte und Bilder, auch auszugsweise, ist ohne Zustimmung des Verlags urheberrechtswidrig und strafbar. Dies gilt auch für Vervielfältigungen, Übersetzungen, Mikroverfilmung und für die Verarbeitung mit elektronischen Systemen.

Cover-Design:
beebox werbeagentur, Baumgartenstr. 7, 79285 Ebringen (Freiburg)

Producing der deutschen Ausgabe:
Thema media GmbH & Co. KG, Zeppelinstr. 43, 81669 München
unter Mitarbeit von Eva Boltenhagen (Übersetzung), Regine Radscheit (Redaktion), Thomas Holzner (Satz), Claus Hilschmann (Projektleitung)

Druck:
Salzland Druck GmbH & Co. KG, Löbnitzer Weg 10, 39418 Staßfurt

ISBN: 978-3-86214-001-5

Text:
Clara Vada Padovani
und Gigi Padovani
(Nutella-Wörterbuch)

Fotografie:
Marco Favi, S. 28 – 79
Francesca Brambilla, S. 80 – 187
(falls nicht anders vermerkt)

Rezeptausführung:
Rosalba Gioffré, S. 28 – 79
Federico Coria, S. 80 – 187
(ausgenommen Rezepte, an denen der betreffende Autor beteiligt war)

Requisiten:
Mit herzlichem Dank an
Ceramiche Virginia, Montespertoli (Fi)
    <info@showroomvirginia.it>
Franco Spini, Geschenkartikel, Hochzeitsgeschenke, Haushaltswaren, Florenz

Redaktion:
Antonella Conti und Cinzia Amatucci

Entwicklung der Gestaltung:
Rocío Isabel González

Ausführung der Gestaltung:
Yoshihito Furuya

Verantwortlicher Redakteur:
Davide Mazzanti

Süsse Versuchungen

Ich erinnere mich noch an die Platten voller Gebäck, die mein Vater immer sonntagvormittags vom Konditor heimbrachte. Meist blieb davon nur ein letztes, kleines »Anstandsstückchen« übrig, das sich keiner zu nehmen traute.

Nachspeisen haben ein trauriges Schicksal – sie kommen immer am Ende eines Essens auf den Tisch. Und gerade wenn das Menü üppig war, verzichten die meisten unter der Last der schon zu sich genommenen Kalorien darauf. Damit versäumen sie ein gutes Stück Glückseligkeit.

Ich bin zwar kein unverbesserlicher Süßspeisenesser, aber schon als Kind blätterte ich gerne in Kochbüchern und war von den Torten, Plätzchen, Puddings und Cremes magisch angezogen. Seit 20 Jahren kaufe ich eifrig Kochbücher und Zeitschriften und sammle die Rezepte gewissenhaft in meinen Ordnern in der Küche. Ich habe dabei übrigens festgestellt, dass ich unbewusst meist die Rezepte mit dem höchsten Zuckergehalt ausgeschnitten habe.

Süßspeisen zubereiten macht mir unwahrscheinlich viel Spaß: Eier und Zucker verrühren, Sahne und Eischnee steif schlagen, Teig kneten und dazu der köstliche Duft von zart gerösteten Mandeln und Haselnüssen, der durch die Küche zieht – zusehen, wie die Hefe den Kuchen im Rohr immer größer werden lässt – eine Crème bavaroise aus dem Kühlschrank holen und sie perfekt stürzen – und natürlich in die strahlenden Augen der Gäste schauen, die sich über den gelungenen Nachtisch freuen.

Vielleicht ist das einfach ein Ausgleich dafür, dass ich es beruflich stets mit trockenen Zahlen zu tun habe.

Vielleicht ist dies auch ein Trostpflaster, wenn ich mich in meinem Lehrerberuf wieder einmal über die nicht gerade brillanten Ergebnisse der letzten Schularbeit aufrege und ein paar freche Schüler nur meinen: »Für Mathe reicht der Taschenrechner. Und außerdem gibt's heute Handys...«

Und vielleicht – nein, ganz sicher – habe ich mich in die Desserts geflüchtet, weil mir immer eine Eigenschaft der Süßspeisenrezepte besonders gut gefallen hat – ihre wissenschaftliche Präzision. In der salzigen Küche lässt sich ein kleiner Fehler ausgleichen; Süßspeisen verzeihen ihn nie. Man muss noch mal von vorne anfangen, ähnlich wie bei einer mathematischen Gleichung. Ich liebe Perfektion – aber auch das Einfache. Aus diesem Grund habe ich zeitaufwendige Rezepte immer vermieden, ebenso Rezepte mit

Zutaten, die nur schwer erhältlich sind oder die besonderes Küchengerät erfordern. Meine Rezepte entstehen aus der Versuchung heraus, ein paar Zutaten zu variieren oder zu ersetzen – wie die Nutella-Rezepte, die ich in diesem Buch vorstelle.

Warum Nutella ?

Vielleicht weil mir meine Eltern als Kind Nutella nur als Belohnung für besondere Leistungen erlaubt hatten – und sie mir deshalb, weil ich so knapp gehalten wurde, bei den Freundinnen zu Hause besonders köstlich vorkam.

Vielleicht weil Nutella auch eine Erinnerung an meine Großmutter Caterina ist, die so gerne Süßes aß und immer zu mir hielt und die mir keinen Wunsch abschlagen konnte.

Vielleicht weil Nutella mich an die Haselnusshaine unserer Familie in Langa erinnert, wo ich als Kind immer die Sommerferien verbrachte und wir bei der Haselnussernte für die Firma Ferrero mithalfen.

Vielleicht auch wegen der Momente, in denen es mir gelungen ist, meinen Schülern die Süße der Mathematik zu vermitteln und ich mein Versprechen einlösen musste, eine Nutella-Party zu organisieren, wenn alle bestehen.

Vielleicht aber auch – nein, ganz sicher, weil Nutella zu meiner Jugend gehört und meiner Generation, aber auch wegen der starken Verbundenheit, die ich zu meiner Heimaterde und zu meiner Heimatstadt spüre, in der ich immer den Duft von Nutella einatmete, der über den Schornsteinen der größten Schokoladenfabrik Europas lag.

In diesem Buch habe ich die besten meiner süßen Leckereien zusammengefasst und sie nach »Tagesbedarf« geordnet – angefangen beim Frühstück über die kleine Pausennascherei bis hin zur Kaffeezeit und zum Dessert nach einem gelungenen Abendessen mit Freunden. Es sind einfache Rezepte, die schnell gehen und deren Zutaten man in jedem Supermarkt bekommt. Die Rezepte spiegeln aber auch meine Einstellung zur »diätetisch korrekten« Küche wider: mit wenig Zucker und Fett im Vergleich zu den herkömmlichen Mengen – und einem Klecks Nutella, der dem Ganzen nicht nur Farbe, sondern auch eine köstliche geschmackliche Note verleiht.

Ich esse gerne und aus Leidenschaft; es macht mir Spaß, in ganz Italien besondere Rezepte auszukundschaften, ihre »Erfinder« kennenzulernen, und ich bewundere die Genialität der berühmten Küchenchefs und Meisterkonditoren.

Ein Parfait zu degustieren, bei dem die Orangensauce unmittelbar von der Säure einer Tomatengelatine begleitet wird, ist für mich ein ganz aufregendes Gefühl. Die absolute Überraschung aber war eine Waffel mit Foie Gras und Nutella.

Wie Oscar Wilde schon einen der Helden in seiner Komödie *Vera oder die Nihilisten* sagen ließ: »Man sollte nicht schlecht von der Kochkunst reden, denn von ihr hängt die Kultur ab. Die einzige Unsterblichkeit, die ich mir wünsche, ist die, eine neue Soße zu kreieren.« Ich kann nicht sagen, ob der Erfinder der Nutella-Creme unsterblich wird oder lediglich einen Nobelpreis bekommt. Eines ist jedoch sicher: Die Köche, Konditormeister und Meister für Eisspezialitäten, die mit unglaublicher Begeisterung und auch einem Augenzwinkern meine Einladung angenommen haben, ein paar Rezepte zur berühmtesten aller Nuss-Nugat-Cremes beizusteuern, werden im Himmel aller Nutella-Süchtigen zu unsterblichem Ruhm gelangen!

Ihre schönste Belohnung war es, meinen begeisterten Gesichtsausdruck zu sehen, als ich ihre Kreationen zum ersten Mal probierte. Ihre Rezepte sind sicherlich für manchen Leser eine Überraschung, machen dieses Buch aber auch einzigartig.

Zunächst scheint es ein Kochbuch mit Rezepten wie viele, viele andere zu sein. Und doch ist es besonders, weil hier zum ersten Mal Spitzenköche und Meisterkonditoren – allesamt von den besten Restaurantführern mit Hauben und Sternen ausgezeichnet – auf sympathische Weise mit einem Produkt gespielt haben, das ein Stück Geschichte darstellt. Eine Nuss-Nugat-Creme, so berühmt, dass sie keine weitere Werbung braucht, und die zwei Welten auf erfreuliche Weise verbindet: Koch- und Backkunst.

Ehrlich gesagt hoffe ich auch, dass dieses Werk noch mehr sein kann: eine Plattform, um zumindest einige Repräsentanten der neuen italienischen Küche und Konditorkunst vorzustellen, die internationale Anerkennung verdient haben. Der gemeinsame Nenner, der sie verbindet, ist die ständige Suche nach typischen einheimischen Zutaten. Die Vertreter dieser neuen Küche, die Meister der *Accademia Maestri Pasticceri Italiani* oder die berühmten Gelatieri, die Sie auf diesen Seiten finden, verwenden allerdings nicht unbedingt herkömmliche Produkte aus dem Supermarkt. Immer jedoch fühlen sie sich ihrer italienischen Heimat verpflichtet.

Wie der bekannte italienische Wirtschaftsprofessor Mario Deaglio und Fiat-Chef Luca Cordero di Montezemolo, auch Vorsitzender des italienischen Arbeitgeberverbands, schon so schön sagten: Nutella ist ein Aushängeschild für italienische Innovation und Kreativität. Sie ist ein Produkt – entstanden aus alteingesessener Handwerkstradition mit Haselnüssen aus meiner Heimatregion, den Langhe –, das internationalen Ruhm erlangt hat, und verdient eine derartige Hommage.

Clara Vada Padovani

INHALT

Nutella-Wörterbuch

Gigi Padovani

 **a**

Alba Stadt im südlichen Piemont, etwa 60 km von Turin entfernt, die nicht nur für die weißen Trüffel, sondern auch als Geburtsstadt der Nutella-Creme berühmt ist. Über den mittelalterlichen Türmen schwebt ein Duft von Kakao und gerösteten Haselnüssen. In der Altstadt findet man heute noch den Hinterhof mit der kleinen Backstube, die Konditormeister Pietro Ferrero 1945 gegründet hatte und aus der der heutige Weltkonzern entstanden ist.

Aufstrich Bei Nutella ist es allerdings etwas mehr, ein Stück Lebenskultur, das Gefühl, auch dazuzugehören und dabei zu sein, wie es der Initiator des *Premio Grinzane Cavour* (italienischer Literaturpreis), Giuliano Soria, 2004 vor der Ferrero-Stiftung ausdrückte. Schriftsteller und Regisseur Bruno Gambarotta sieht es dagegen so: »Nutella hat eine Fan-Gemeinde von überwiegend 30- bis 40-Jährigen, die auf dem Sofa sitzend herumzappen und so ihr Leben verbringen.«

Australien Auch in Australien? Ja, auch dort gibt es eine Nutella-Fabrik. Das 1977 eröffnete Werk liegt in Lithgow, 150 km von Sydney entfernt.

Alba, die »Stadt der hundert Türme« in der Stille einer Sommernacht. Hier eine Ansicht der Piazza Risorgimento.

 **b**

Baldrian Beruhigungsmittel, das in Tropfen- oder Tablettenform erhältlich ist. Die italienische Schauspielerin Francesca Neri weiß etwas Besseres: »Wenn ich Nutella kaufe, kann ich mich nicht beherrschen. Ich habe nur eine feste Regel: kein Brot,

keine Hörnchen oder Löffel – ich esse sie direkt mit den Fingern. Das ist mein festes Ritual abends vor dem Fernseher. So kann ich mich vor dem Schlafengehen noch schön entspannen. Nutella ist für mich wie Baldrian.« (Anna, 14. April 2004)

Banyuls Französischer Süßwein aus dem Roussillon, fast an der Grenze zu Spanien, der hervorragend zu Schokolade passt. Für den Gourmetkritiker Enzo Vizzari (»Le Guide dell'Espresso«) ist er der ideale Begleiter zu Nutella. Allen erwachsenen Nutella-Fans rät er sogar, die Nuss-Nugat-Creme unbedingt mit einem Gläschen Banyuls zu genießen. (Il Messagero, 18. April 2004)

Bianca 1984 kam in Italien einer der erfolgreichsten Filme des Regisseurs Nanni Moretti in die Kinos. Besonders beeindruckend war die Szene, in der Hauptdarsteller Michele Apicella – alias Moretti – seine Lebensängste bekämpft. Nach einem Liebesabenteuer mit seiner Lehrerkollegin Bianca, gespielt von Laura Morante, stärkt er sich durch ein Brot mit Nutella, die er aus einem riesigen, 1,5 m großen Glas holt – unübersehbares Symbol für alle süßen Gelüste.

Blob Zum einen ein amerikanischer Gruselfilm (*The Blob*, 1958). Man bezeichnet heute mit »Blob« große binäre Objekte wie Bild- oder Audiodateien. Ansonsten bedeutet *blob* einfach »Klacks«, und der italienische Sprachwissenschaftler Omar Calabrese nannte die berühmteste Nuss-Nugat-Creme der Welt einfach einen »guten Blob«.

Brot Eignet sich hervorragend zum Nutella-Konsum. Das findet auch Schauspielerin und Model Martina Colombari: »Ich stehe total auf Nutella-Brot, Haselnusseis und Karottenkuchen.« (Bella, 8. Juli 2003)

Buch Der Schriftsteller Stéphane Mallarmé beschrieb es so: »Schicksal der Welt ist es, in einem Buch zu enden.« Ein Buch ist also noch mehr als beschriebene Seiten, in einem Einband zusammengefasst. Auch Nutella wird beim Thema Buch ins Feld geführt. So äußerte der italienische Schriftsteller Angelo Guglielmi einmal: »Wie soll man jemandem, der noch nie ein Buch gelesen hat, erklären, dass das süß ist wie Nutella und so unbedingt erforderlich wie ein Waschmittel?« (La Repubblica, 10. Oktober 1994). Der berühmtesten Nuss-Nugat-Creme der Welt wurden Bücher, Kochbücher, Abhandlungen und humorvolle Geschichten gewidmet.

 **C**

Carrousel du Louvre Ausstellungs- und Shoppinggelände im Louvre, Paris. Vom 8.–16. Juni 1996 fand dort anlässlich des 30-jährigen Jubiläums der Ferrero-Nuss-Nugat-Creme in Frankreich eine Ausstellung mit dem Titel *Génération Nutella* statt mit Werken von Künstlern, die in den Sechzigerjahren geboren waren. Unter anderem konnte man dort die kühne surrealistische *Machine à Tartiner* (Brotstreich-Maschine) von La Guitoune bewundern.

Crêpes Superdünne Pfannkuchen aus Eiern, Milch und Mehl, eine französische Spezialität, die sowohl mit süßer als auch mit salziger Füllung gegessen wird. In der Bretagne gibt es heute noch die Sitte, dass die frischvermählte Ehefrau eine Crêpe bäckt. Fängt sie sie beim schwungvollen Wenden mit der Pfanne wieder auf, steht ihr ein glückliches Eheleben bevor. Zum Lichtmessfest am 2. Februar, bei der Winter verabschiedet wird, essen die Franzosen – nicht nur junge Ehepaare – besonders viele Crêpes, offensichtlich mit reichlich Nutella, denn es ist auch der Tag mit dem höchsten Pro-Kopf-Verbrauch dieser Creme! Und was sollte es Besseres geben als einen Nutella-Aufstrich für Crêpes? Das weiß auch die bekannte italienische Moderatorin Alba Parietti: »Ich habe eine Schwäche für Crêpes mit Nutella.« (Epoca, 10. August 1993)

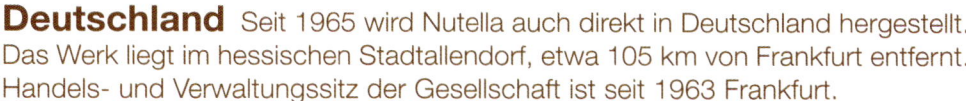 **d**

Design Nutella schmeckt nicht nur gut, sondern sieht auch gut aus – dank seines bauchigen Glases, das weiterhin Erfolge feiert. Auf einer Ausstellung in Padua 2006 zu den repräsentativsten Werken italienischen Designs im 20. Jahrhundert lag das 750-Gramm-Glas in der Beliebtheitsskala der Besucher ganz vorne. Natürlich fehlten auch die Designer-Gläser nicht. 2002 feierte der bekannte Architekt P. Jouin einen großen Erfolg mit seinem *Tartì Nutella*, einem speziellen Nutella-Messer, das mit seiner breiten Schneide das Aufstreichen erleichtern soll und dank einer Auskerbung am Griff direkt am Nutella-Glas befestigt werden kann. Und im April 2006 stellten die Designer Michelangelo Giombini, Matteo Migliorini und Marco Sarno bei der Mailänder Möbelmesse drei *NutMobili* vor, die in ihrer Form an ein Nutella-Glas erinnern.

Zwei Exemplare der »NutMobili«, die auf der Mailänder Möbelmesse 2006 ausgestellt waren: eine Kommode im Stil Ende 19. Jahrhundert und ein amerikanischer Kühlschrank im Stil der Fünfzigerjahre.

Deutschland Seit 1965 wird Nutella auch direkt in Deutschland hergestellt. Das Werk liegt im hessischen Stadtallendorf, etwa 105 km von Frankfurt entfernt. Handels- und Verwaltungssitz der Gesellschaft ist seit 1963 Frankfurt.

Devoto-Oli Giacomo Devoto, Sprachwissenschaftler an der berühmten *Accademia della Crusca*, und Gian Carlo Oli, Dozent an italienischen Kulturinstituten im Ausland, brachten 1960 die erste Ausgabe ihres Wörterbuchs der italienischen Sprache heraus, das heute zum italienischen »Duden« geworden ist. 1995 nahmen sie einen neuen Begriff auf: »Nutella s.f. (nu-tèl-la) Handelsbezeichnung einer weit verbreiteten Nuss-Schokoladen-Creme«.
Das Unternehmen Ferrero war mit diesem Eintrag jedoch nicht ganz glücklich. Man befürchtete, dass die Markenbezeichnung »Nutella« auf diese Weise zum Allgemeinplatz verkommen und man sie, wie es häufig geschieht, als Oberbegriff für ähnliche Produkte verwenden könnte. Aus der Sache entstand ein Rechtsstreit mit dem Verlag, der sich aber schnell regeln ließ. In der nächsten Ausgabe des italienischen »Dudens« wurde darauf hingewiesen, dass es sich um eine eingetragene Marke handelt.

 **e**

Erotik Was hat Nutella denn damit zu tun? Erotische Träume nach einem übermäßigen Genuss der Nuss-Nugat-Creme existieren zuhauf. Schließlich gilt Schokolade gemeinhin als Aphrodisiakum – auch wenn der Sexualforscher Willy Pasini die Meinung vertritt, dass jedes Nahrungsmittel diese Wirkung nur dann hat, wenn es mit einer entsprechenden Erwartungshaltung verbunden ist. Der Mailänder Androloge Maurizio Bossi ist dagegen der Ansicht, dass die Nutella-Creme eher etwas Mütterliches hat, das ein Gefühl von Sicherheit hervorruft.

Eurochocolate Größte und bekannteste Veranstaltung rund um das Thema Schokolode, die seit 1994 jedes Jahr im italienischen Perugia stattfindet. Die »Nahrung der Götter« zieht jedes Mal Hunderttausende begeisterter Besucher an. Im Oktober 1995 fand die erste »Nutella-Party« statt. Kleidungsvorschrift: Pyjama.

Everest Im Himalaja zwischen Nepal und Tibet liegt der höchste Gipfel der Welt. Einige italienische Alpinisten hatten bei ihrer Everest-Besteigung sogar einen Nutella-Vorrat dabei. Die ehemalige Olympiasiegerin im Skilanglauf Manuela Di Centa berichtete einmal von einem »schrecklichen« Diebstahl: Im Basislager der Everest Speed Expedition in Nepal entwendete man ihr »ihr wertvollstes Gut« – die Gläser mit Nutella. (La Gazzetta dello Sport, 15. April 2003)

 **f**

Fans Nutella-Begeisterte treffen sich im Internet auf speziellen Fansites.

Fernsehen Vielleicht sollte man den Rat von Fernsehautor Antonio Ricci befolgen, der in einem Interview meinte: »Mit dem Fernsehen ist es wie mit der Nutella-Creme: Isst man vier Gläser davon auf einmal, wird einem schlecht, isst man weniger ...« (La Repubblica, 12. März 1996)

Ferrero Alles begann in Farigliano, einem kleinen Ort im Piemont. Am 2. September 1898 erblickte dort Pietro Ferrero das Licht der Welt, der 1946 zusammen mit seiner Frau Pierina Cillario in Alba eine Firma zur »Herstellung von Schokolade, Torrone und Süßwaren im Allgemeinen« gründete. 1949 erlitt er einen Herzinfarkt, und so ging die Leitung des Unternehmens an seinen jüngeren Bruder Giovanni über. 1957 übernahm dann Pietros Sohn Michele Ferrero mit nur 32 Jahren den Vorsitz. Heute wird das Unternehmen, inzwischen ein weltweit tätiger Konzern mit dem Namen Ferrero International, von den Söhnen Giovanni jr. und Pietro jr. (beide Anfang der Sechzigerjahre geboren) geführt. Und inzwischen gibt es wieder neuen Nachwuchs: Michele, Giovannis Sohn, kam 2005 zur Welt; Michael, Pietros Sohn, 2006.

Wo alles begann. Die geschichtsträchtige Konfiserie in der Via Maestra in Alba. Inzwischen produziert der Ferrero-Konzern jährlich so viele Gläser, dass sie, aneinandergereiht, einmal um den Äquator reichen würden.

Film In zahlreichen Filmen ist von Nutella die Rede, nicht nur in Morettis *Bianca*. So erzählt z. B. der Regisseur Leonardo Pieraccioni in seinem 1995 erschienenen Film *I laureati* das unglückliche Leben von vier 30-jährigen »ewigen« Studenten. Darin heißt es: »Was sollen wir tun? Ewig der Nutella nachweinen?«

Finger Wer hat noch nie die Versuchung verspürt, gleich mit dem Finger in ein frisch geöffnetes Nutella-Glas zu langen? Es gibt aber noch etwas Besseres: Auf der Mailänder Möbelmesse 2006 stellte Paolo Ulian ein *Finger biscuit* vor, einen Keks, der auf den Finger gesteckt wird, um ein Tauchbad in Nutella zu nehmen.

Fixpunkt Bedeutet etwas Unveränderliches, Unverrückbares, Sicheres. Für viele ist die berühmteste Nuss-Nugat-Creme der Welt tatsächlich zu einer Art Fixpunkt geworden. Auch der italienische Liedermacher Ligabue drückte es einmal so aus: »Ich habe drei, vier Fixpunkte im Leben – einer davon ist Nutella.« (La Stampa, 12. März 1993)

Formel In diesem Fall bezieht sich der Begriff nicht auf eine mathematische Aussage, sondern bezeichnet im Motorsport in Verbindung mit einer Zahl eine bestimmte Kategorie von Autorennen. Was essen aber Formel-1-Fahrer während einer Trainingspause: Jacques Villeneuve verrät es uns: »Mein Frühstück vor einem Formel-1-Rennen? Nutella, Ahornsirup, Joghurt und ein Glas Milch.« (La Repubblica, 26. Oktober 1997)

Frankreich Kaum zu glauben, aber in Frankreich wird fast noch mehr Nutella gegessen als im Heimatland der Nuss-Nugat-Creme: Der Pro-Kopf-Verbrauch liegt hier bei über 900 g pro Jahr. In Villers-Ecalles in der Normandie liegt das in den Fünfzigerjahren entstandene Werk, wo die Ferrero-Creme für den französischen Markt produziert wird.

Frühstück Für Engländer heißt das Tee, Toast, Butter, Marmelade und natürlich Eier, Schinken und Bohnen. Seit es Nutella gibt, gehört die Nuss-Nugat-Creme zum Frühstücksritual von Millionen von Menschen. Zum 40-jährigen Jubiläum von Nutella wurde am 29. Mai 2005 in der damals noch AufSchalke genannten Veltins-Arena in

Das größte Nutella-Frühstück der Welt: Über 27 000 Besucher feiern hier in der Veltins-Arena den 40. Geburtstag der Kultcreme.

Als Sponsor der italienischen Fußball-Nationalmannschaft hat sich Ferrero zur Weltmeisterschaft 2006 etwas Besonderes einfallen lassen: ein Fußball-Glas, das als limitierte Edition zum Sammlerstück wurde.

Gelsenkirchen ein Riesenfrühstück vorbereitet, das ins »Guinnessbuch der Rekorde« eingehen sollte: Sage und schreibe 27 854 Besucher strömten zu dieser Veranstaltung – und schlugen damit den bisherigen Rekordhalter Thailand im Bereich meistbesuchtes Frühstück.

Fußball Abgesehen von den großen Werbeplakaten in den Stadien und der Tatsache, dass der Ferrero-Konzern die Champions League sponsert, haben einige italienische Fußballer ihre Vorliebe für Nutella öffentlich kundgetan. So etwa Francesco Totti, Roms Spieler mit der Nummer 10, der 2004 auf die Frage eines Journalisten antwortete: »Mein Doping? Nutella« (Ansa, 2. Februar 2006). Als er sich zwei Jahre später einer Operation unterzogen hatte, wollte er nach dem Aufwachen nur eines: ein Glas Nutella. »Heute Morgen Nutella, dann ..., aber ich will nicht übertreiben, ich kann mich gut im Zaum halten« (Ansa, 20. Februar 2006). Nicht zu vergessen, dass Ferrero sogar offizieller Lieferant der italienischen Nationalmannschaft wurde. Vielleicht hatten Cannavaro & Co. ja deshalb die WM in Berlin gewonnen. Das eigens zur Weltmeisterschaft aufgelegte 850 g-Nutella-Glas mit dem Fußballmotiv im Deckel war jedenfalls 2006 in Italien rasch ausverkauft.

ᴍᴍᴍ g

Geist Eine »Philosophie des Geistes« findet die italienische Journalistin Laura Carassai in der Ferrero-Nuss-Nougat-Creme wieder: »Die Liebe zu Nutella lässt sich nicht erklären – sie existiert einfach. Die Haselnusscreme mit dem Schokoladengeschmack ist mehr als ein Lebensmittel. Sie ist eine Geisteshaltung, eine Art höherer Bewusstseinszustand.« (La Stampa, 8. Oktober 1993)

Gemälde Natürlich wurde auch die berühmte Ferrero-Nuss-Nugat-Creme von zahlreichen Künstlern auf Leinwand verewigt. Neben den Kunstausstellungen in Ferrara und dem *Carrousel du Louvre* (1996) hat sie der Genueser Künstler Eugenio Comencini 1999 in seiner Sozialgeschichte der Nutella-Creme im Pop-Art-Stil gewürdigt. Der Piemonteser Silvano Costanzo schuf 2004 mit *Nutpop* (Acryl auf Leinwand) zwei Kunstwerke zu Ehren der berühmten Creme.

Giandujot So hieß der erste Vorläufer der Nuss-Nugat-Creme, den Nutella-Erfinder Pietro Ferrero 1945 auf den Markt brachte: ein einfaches Süßwarenprodukt mit Schokoladengeschmack, das als Riegel abgepackt wurde und mit dem Messer geschnitten werden sollte. Aufgrund seiner Zusammensetzung fiel dieser Schokoriegel im Sommer weich und im Winter hart aus. Für viele Kinder im Italien der Nachkriegszeit bedeutete dieser Schokoladengeschmack höchste Glückseligkeit.

Glas Kleiner Behälter, der nicht nur zum Trinken, sondern auch zum Aufbewahren dient – wie etwa für Nutella. Fast jeder hat mindestes eines davon zu Hause auf Vorrat. Bis 1990 gab es Gläser mit geometrischen Motiven, heute sind sie mit Comic-Figuren verziert. Begeisterte Fans besitzen ganze Sammlungen dieser alten Gläser.

Guiness Das »Guinessbuch der Rekorde« kennt heute jeder. Nur wenige wissen jedoch, dass es Sir Hugh Beaver, Vorsitzender des irischen Bierbrauerverbands war, der die jährliche Auflistung sämtlicher Rekorde wollte. Die in der italienischen Provinz Parma gelegene Ortschaft Begonia kam 1998 ins Buch der Rekorde. Dort wurde mit 332,66 m das längste Sandwich der Welt gebaut. Der Rekord blieb den Einwohnern jedoch nicht lange. Schon zwei Jahre später wurden sie von der im Hinterland von Mailand gelegenen Gemeinde Nova geschlagen: das »Brötchen«, das dort am 18. September 2000 gebacken wurde, war sage und schreibe 347 m lang – und natürlich mit einer Nutella-Füllung!

Auch die putzigen Eichhörnchen wissen die Piemonteser Haselnüsse sehr zu schätzen.

 **h**

Haselnuss Frucht des Haselnussstrauchs; man kann sie frisch oder auch getrocknet essen. Ihr wissenschaftlicher Name lautet *Corylus avellana*. Sie findet häufig auch in Süßspeisen Verwendung. Außerdem ist sie die wichtigste Zutat (mit 13%) der berühmten Nuss-Nugat-Creme, der sie auch ihren Namen verliehen hat. Das geschah 1964, als Ferrero die alte Bezeichnung »Supercrema« in Nutella umwandelte: Der Begriff war vom englischen Wort *nut* (Nuss) abgeleitet und erhielt die italienische Verkleinerungsform *-ella* angehängt. Unter diesem Markennamen trat die Creme dann ihren Siegeszug um die ganze Welt an.

Helvetica medium Eine der klassischen Schriftarten, die sich gut lesen lässt. Dieser Ansicht war offensichtlich auch die Mailänder Werbeagentur, die diese Schrift in den Sechzigerjahren für das Nutella-Logo wählte – alles in Rot, nur der Anfangsbuchstabe blieb schwarz.

Herald Tribune Englische Zeitung, die in ganz Europa gelesen wird. Am 10. Dezember 2004 prangte auf der Titelseite ein Artikel von Elisabetta Povoledo mit der Überschrift »Die Nutella-Politik«. Er bezog sich auf die Wogen, die das 40-jährige Jubiläum von Nutella geschlagen hatte: »Die Quintessenz italienischer Lebensart, Qualität, die aufs Brot gestrichen wird.«

Hochsprung Leichtathletische Disziplin, bei der man eine an zwei Pfosten horizontal aufgehängte Stange überspringen muss. Nach Sara Simeoni war jahrelang Antonella Bevilacqua die unbestrittene italienische Meisterin in dieser schwierigen Disziplin, die viel hartes Training erfordert. Der Weg an die Spitze war für die Süditalienerin mit vielen Unfällen gepflastert, aber eine Stütze fehlte ihr nie: »Ich habe bei den Olympischen Spielen immer Nutella und Bonbons dabei.« (La Repubblica, 24. Juli 1996).

Athleten finden nach einem harten Wettkampftraining Stärkung und Trost bei einem Glas Nutella.

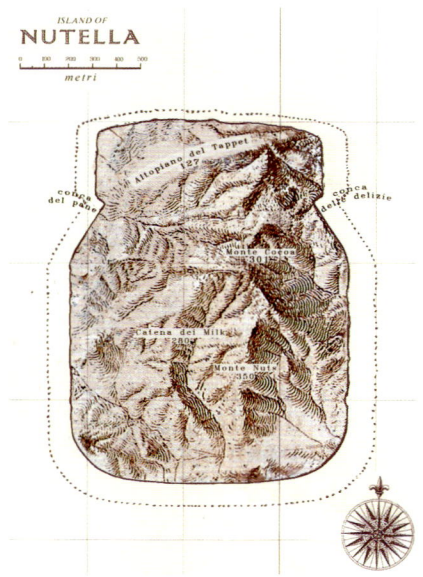

Auf dieser von Domenico Marco Di Donna gezeichneten Karte weist die imaginäre »Nutella-Insel« zwei gegenüberliegende Buchten auf: im Osten ist es die Conca del Pane (Brotbucht), im Westen die Conca delle delizie (Bucht der Wonnen).

i

Insel Ein Stück Land, meist von Wasser umgeben oder auch etwas Besonderes, das aus einem Meer von Alltäglichem herausragt. Die süßeste Insel der Welt liegt in Italien, genauer gesagt in Alba. Es handelt sich um die größte Süßwarenfabrik Europas mit einer Fläche von 400 000 m². Die Produktionshalle, in der die berühmte Nuss-Nugat-Creme hergestellt wird, heißt tatsächlich *Isola Nutella* (Nutella-Insel).

k

Koffer Es gibt Menschen, die haben ein Ritual, wenn sie für eine Reise den Koffer packen, so etwa die italienische Moderatorin Licia Colò: »Ich fahre nicht ohne ein Glas Nutella weg.« (La Stampa, 8. April 1998)

l

Libération Nonkonformistische französische Zeitung, die dem 40-jährigen Jubiläum der Nutella-Creme eine ganze Seite widmete. Der Journalist Eric Jozsef schreibt in einem Artikel, dass die Ferrero-Creme zu einem regelrechten Mythos geworden ist. (Libération, 29. Januar 2005)

Löffel Er ist nicht nur ein Teil des Essbestecks, sondern stellt Millionen von Menschen vor die entscheidende Frage – Löffel oder Finger? Das einzige Unglück, das dabei passieren kann, sind ein paar Flecken auf der Kleidung. Viele behaupten, dass man Nutella am besten löffelweise isst. Wie die italienische Sängerin Giorgia auf ihrer Website erklärt: »Im Gymnasium habe ich mit meiner Freundin Laura zusammen immer

Einhellige Begeisterung herrschte bei den Jugendlichen, die 2005 in Paris zur »Table Nutella«, einer riesigen Nutella-Frühstücksparty gekommen waren.

wieder ein Glas Nutella pro Kopf verdrückt. Rein mit dem Löffel und dahin ging's.« Auch die französische Schauspielerin Juliette Binoche, die mit ihrem Film *Chocolat* international bekannt wurde, gibt zu: »Ich esse löffelweise Nutella.« Offensichtlich nicht umsonst haben die Mailänder Architekten Michelangelo Giombini, Matteo Migliorini und Marco Sarno anlässlich der Mailänder Möbelmesse 2006 einen eigens konstruierten Löffel mit dem Namen *Gusta Nutella* (Nutella-Koster) vorgestellt, der es dank seiner Tropfenform ermöglicht, auch die letzten Winkel im Glas ganz auszukratzen.

 **m**

Mama Oft das erste Wort, das ein Kind ausspricht. Nach Auffassung einiger Psychologen ist die berühmte Nuss-Nugat-Creme für ihre Fans eine Art Mutterersatz. Das hatte sich auch der Ferrero-Konzern 13 Jahre lang zunutze gemacht – mit dem Werbeslogan »Mama, du weißt es doch«. Der mit dem Lied *Vola Colomba* von Nilla Pizzi unterlegte Fernsehspot zeigte Szenen aus dem täglichen Leben in den Fünfzigern. Eine wohlklingende Stimme im Hintergrund sagt dazu: »Das Leben war damals noch natürlicher, deine Mutter dachte stets an dich. Darum bist du so gut und glücklich aufgewachsen. Und erinnerst du dich noch? Deine Mutter gab dir immer Nutella.«

Musik Der Song, den DJ Francesco beim Festival von San Remo 2004 mit dem Titel *Era bellissimo* (Es war so wunderschön) vorstellte, ist die neueste musikalische Hommage an die Nuss-Nugat-Creme. Gewählter drückte sich der Piemonteser Antonello Lerda aus, seines Zeichens Komponist und Musikdozent, der ihr ein Musikstück, *Nutellam Cantata*, nach Texten aus Büchern von Riccardo Cassini gewidmet hat. Das Stück wurde 2001 in La Spezia uraufgeführt, fand große Beachtung und erhielt eine Auszeichnung.

Damals war die Welt noch in Ordnung! Eine in Schwarz-Weiß gedrehte idyllische Szene aus der Nutella-Werbung von 1976 im italienischen Fernsehen.

Napoleon-Skulptur des französischen Hofbildhauers Antoine-Denis Chaudet. Welche Verbindung besteht zwischen dem französischen Feldherrn und der berühmten Nuss-Nugat-Creme? Die von der Ferrero-Stiftung 2005 organisierte Napoleon-Ausstellung, aber vor allem die überraschende Forderung von Napoleon-Darsteller und Nutella-Fan Gérard Depardieu.

 **n**

Napoleon 2005 hat die Ferrero-Stiftung die Ausstellung *Napoleon e il Piemonte* (Napoleon und das Piemont) organisiert. Die Eröffnungsrede sollte der französische Schauspieler Gérard Depardieu halten, der die Rolle des französischen Kaisers mehrfach gespielt hat. Depardieu willigte ein – allerdings nur unter zwei Bedingungen: Die erste war ein riesiges Trüffel-Dinner, die zweite: Ferrero sollte ihm sein Körpergewicht mit Nutella aufwiegen. Das Unternehmen stimmte zu. (Ansa, 5. August 2005)

Naschsucht Kann durchaus von der verführerischen Nuss-Nugat-Creme hervorgerufen werden, auch eine Art von Suchtverhalten ist nicht auszuschließen. Selbst die Astrophysikerin Margherita Hack ist davon betroffen: »Es ist meine einzige Sünde. Ich liebe Schokolade, und wenn mir nach etwas Süßem ist, mache ich mir ein Nutella-Glas auf.« (Anna, 14. April 2004)

New Yorker Snobistische amerikanische Literaturzeitschrift, die Nutella im März 1995 mit einem Artikel von Andrea Lee feierte, einer amerikanischen Schriftstellerin, die in Italien lebt. In ihrem ironischen Beitrag mit dem Titel »Schuld, Politik und Eros in einem Glas« schreibt Lee: »Nutella als Nuss-Nugat-Creme im Glas zu bezeichnen ist, als wolle man Michelangelos David einfach einen aus Stein gemeißelten Marmorblock nennen. Auch Nutella besitzt mit Sicherheit etwas, das weit über seine materiellen Eigenschaften hinausgeht.«

Nobelpreis Die italienische Satire-Zeitschrift *Cuore* führte zwischen 1991 und 1992 eine Leserbefragung durch unter der Überschrift »Welche fünf Dinge machen für Sie das Leben lebenswert?«. Nutella konnte sich dabei immer gut in der Mitte platzieren. Redakteur Fabio Fazio stellte daraufhin die Frage: »Warum erhält der Erfinder der Nutella-Creme eigentlich keinen Nobelpreis?«

Auf der Piazza Castello in Turin stand das Nutelleria-Zelt, aufgebaut für die »Eurochocolate 2000«.

Nutelleria Feinschmeckerhalle, die es bis jetzt – nach einigen fehlgeschlagenen Versuchen 1999 und 2000 bei der Motorshow in Bologna sowie der Eurochocolate in Perugia und Turin – nur in Bologna gibt. Hier bekommen die Besucher Pizza, Piadine, Crêpes, Mousse, Fruchtsalat oder Mixgetränke – alles mit Nutella zubereitet. In Paris wurde im Sommer 2005 anlässlich des 40-jährigen Nutella-Jubiläums eine riesige »Table Nutella« (Nutella-Tafel) eingerichtet, die aber kein Fast-Food-, sondern mehr ein Lounge-Ambiente bot.

 **o**

Olympische Spiele Die modernen Olympischen Spiele, die ihren Namen den Wettkämpfen im heiligen Bezirk von Olympia verdanken, wurden erstmals 1896 in Athen abgehalten. Bei den Winterspielen 2006 in Turin gewann die 15-jährige Arianna Fontana aus Perbenno (Sondrio) eine Bronzemedaille und wurde damit die jüngste italienische Athletin, die je eine Medaille gewonnen hatte. Als die Eisschnellläuferin in einem Interview gefragt wurde, was sie am liebsten mag, antwortete sie: »Süßigkeiten und Horrorfilme. Den Abend verbringe ich am liebsten auf dem Sofa mit einem Glas Nutella und schau mir »Das Schweigen der Lämmer« an (Il Tempo, 25. Februar 2006). Auch der 37 Jahre alte Fulvio Valbusa, der in der Viererstaffel über 10 km Langlauf zusammen mit seinen Teamkollegen Gold holte, ist ein Fan von Nutella. Valbusa erklärte bei der Pressekonferenz: »Von Dienstag bis Donnerstag früh konnte ich ja noch widerstehen, aber beim Frühstück war es dann aus – da kam dann richtig dick Nutella aufs Brot!« (Italpress, 25. Februar 2006)

 **p**

Party Dieses englische Wort ist aus dem Französischen abgeleitet. Es bezeichnet ein Fest oder eine Feier, und dort ist Nutella nie fehl am Platz. Seit Jahren organisiert man im italienischen Alba jedes Jahr zu Silvester eine Mega-Nutella-Party auf dem Stadtplatz.

Pizza Diese dünnen Hefeteigfladen mit verschiedenen Belägen sind wahrscheinlich auf der ganzen Welt das bekannteste italienische Gericht. Zahlreiche Pizzerien in Italien bieten inzwischen auch schon eine Pizza mit Nutella an. Und es scheint zu schmecken, wie Psychiater Paolo Crepet bestätigt: »Eine helle Pizza mit heißer Nutella ist für mich das Höchste!« (Anna, 14. April 2004)

Polen In Belsk Duzy, einem kleineren Ort 60 km von Warschau entfernt, errichtete der Ferrero-Konzern eine weitere Nutella-Produktionsstätte. Nach dem Fall der Berliner Mauer machte sich die Nuss-Nugat-Creme von dort auf ihren Eroberungszug durch den Ostblock.

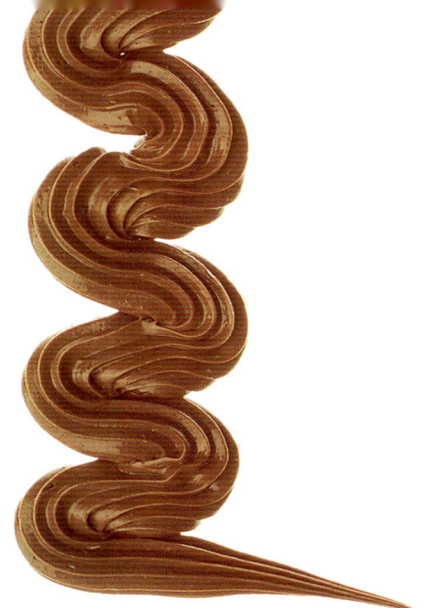

 **r**

Rechts / Links Im italienischen Parlament sitzen die Konservativen gewöhnlich rechts vom Präsidenten, die Progressiven links. Nachdem in Italien über alles diskutiert wird, werden auch häufig Schriftsteller, Künstler, Orte und selbst Lebensmittel mit diesem Etikett versehen. Bei Nutella ist man sich aber nicht ganz einig. Wenn es nach dem Regisseur Nanni Moretti und dem Journalisten Sandro Curzi ginge, würde man die Ferrero-Creme dem linken Lager zuordnen. Namhafte Persönlichkeiten wie die Journalisten Giuliano Ferrara und Pierluigi Battista, der Schriftsteller Riccardo Cassini und der Sänger Gianni Morandi sehen die Nuss-Nugat-Creme eher neutral. Recht so: Nutella ist schließlich ein »Süßstoff« ohne Grenzen.

Rezept Nicht nur die medizinische Verordnung, sondern auch die Mengen- und Zutatenangabe für ein Gericht oder ein Getränk. Die Zutaten für die Nutella-Creme stehen auf dem Etikett, aber keiner kennt das Rezept zur Herstellung – ein streng bewachtes Industriegeheimnis, das Millionen von Euro wert ist, ähnlich wie bei Coca-Cola.

Ringe Die Presse hat ihm nach seinen zahlreichen Siegen in einer der spektakulärsten leichtathletischen Disziplinen den Namen »Herr der Ringe« verliehen. Und so feierte der italienische Superturner seine Goldmedaille bei den Olympischen Spielen 1996: »Am Abend, als ich in Atlanta Gold an den Ringen geholt hatte, musste ich mich erst einmal mit ein paar Löffeln Nutella stärken.« (La Stampa, 30. Juli 1996)

 **s**

Sänger Der italienische Liedermacher Renato Zero widmete der berühmten Nuss-Nugat-Creme ein pädagogisch besonders wertvolles Lied: *La Nutella di tua sorella* (Die Nutella deiner Schwester), das er 1995 verfasst hat und in dem er allen Jugendlichen rät, lieber Nutella zu essen als Drogen zu nehmen.

Schriftsteller Jeder, der sich dem Schreiben widmet. Zahlreiche Schriftsteller im In- und Ausland haben in ihre Werke Passagen zu Nutella eingefügt. Der Sieger des Literaturpreises *Premio Strega 2005*, Maurizio Maggiani, fasste es in einem Presse-Interview so zusammen: »Eine gute Handlung ist wie Nutella, sie nährt und unterhält gleichzeitig.« (La Stampa, 6. Mai 1995)

Sorbonne Die berühmte Pariser Universität, von der in den Sechzigerjahren die Studentenrevolte ausging. Die Besetzung wiederholte sich 2006, als zahlreiche Studenten dort Nutella-Partys feierten.

Streit Eine meist lautstarke Auseinandersetzung zwischen mehreren Personen, die in Gewalttätigkeit eskalieren kann. Die italienische Politik hat davon reichlich zu bieten,

»Alle für einen, Nutella für alle!« So lautete der Treueschwur in der Ferrero-Werbekampagne, die 1969 im italienischen Fernsehen ausgestrahlt wurde.

was den Journalisten und Autor Igor Man zu folgendem Kommentar veranlasst hat: »Nutella ist das Mittel der Wahl, um diesem ständigen, lähmenden Parteienstreit ein Ende zu setzen.« (Specchio della Stampa, 28. Dezember 2002)

Supercrema Ihre Geschichte begann, als im Sommer 1949 die rechteckigen Giandujot-Riegel, die Pietro Ferrero damals fertigte und die man wie eine Salami schneiden musste, in den Turiner Geschäften in der Hitze dahinschmolzen. Findige Lebensmittelhändler wussten sich zu helfen – und gossen die schokoladige Soße kurzerhand in Schüsseln. Aus diesem Notbehelf entstand mit einer etwas abgeänderten Formel die streichfertige *Supercrema*, die Supercreme, die direkt aufs Brot kam.

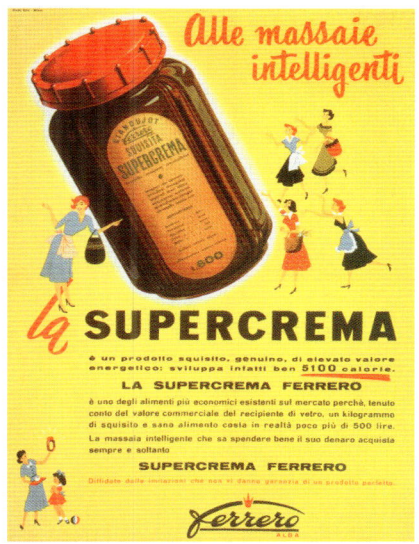

Der Vorläufer von Nutella: die Ferrero Supercrema – »für intelligente Hausfrauen«, wie es auf dem Werbeplakat von damals heißt, in dem die Vorzüge der Creme, insbesondere ihr hoher Kaloriengehalt, angepriesen werden.

 **t**

Theater So manches Theater- und Kabarettstück nimmt Bezug auf die berühmte Nuss-Nugat-Creme. Ein modernes Stück entstand 1995 mit dem Titel *Vi porto la buona Nutella* (Ich bringe euch die gute Nutella). Am Teatro Juvarra im Aosta-Tal wurde 1998 das umstrittene Stück *Nutella Gutenberg* nach einem Text von Gianni Colosimo uraufgeführt.

 **u-z**

Universität / Diplomarbeit Wenn ein Produkt berühmt wird, wird es automatisch auch an den Universitäten »gewürdigt«. An der Iulm in Mailand führten Gabriella Bosio und Monica Rizzini 1997 die ersten Studien zum Thema Nutella durch. Es folgte Alessandra Sapetti, die 2000 ihr Diplom in Pharmazie mit einer Arbeit über Elektrophorese-Verfahren zur Bestimmung des Haselnussgehalts in der Ferrero-Creme erhielt. Ihr Professor, Gabriele Caccialanza, war selbst ein großer Schokoladenfan. Weitere interessante Diplomarbeiten zum Thema sind die von Maria Lucia Malara, die 2004 ihren Abschluss in Industriedesign an der Universität Venedig machte mit einer Studie über die Nutella-Werbung, sowie die von Ilaria Cerino, die im gleichen Jahr an der Cattolica-Universität in Mailand ihren Doktortitel in Informationswissenschaften erwarb.

USA Auch im mächtigsten und reichsten Land der Welt hielt die Nuss-Nugat-Creme ihren Einzug. 1995 wurde in Somerset im Bundesstaat New Jersey eine erste Produktionsstätte eröffnet. Wie es scheint, erfreut sich Nutella großer Beliebtheit. Ob es ihr wohl gelingen wird, die *peanut butter* abzulösen?

Vierzig Nutella feierte am 20. April 2004 den 40. Geburtstag – mit einem Fest am Ufer des Po in Turin. Bei der Mega-Party waren Hunderte von Besuchern zugegen, darunter namhafte Journalisten, Schauspieler, Autoren und Werbefachleute. Getanzt wurde zu Musik aus den Sechzigern, und zu trinken gab es Nutella-Cocktails.

Wie zu Hause

Die Küche als Backstube – da werden alte Kindheitserinnerungen wach und neue entstehen. Dies sind Rezepte, die verzaubern können: duftendes Gebäck zum Frühstück, ganz einfache Plätzchen für die Kinderparty, die kleine Versuchung zum Kaffee oder Tee, zart schmelzende Mousse, klassische Torten. Und immer dabei ist eine besondere Zutat – Nutella, die heiß geliebte Nuss-Nugat-Creme. Großmutters Rezepte in diesem Teil des Buchs werden es schon verzeihen, wenn überall Nutella dazukommt. Denn Nutella ist eine Sünde wert.

Chelsea Buns

Zum Frühstück

für **6** Personen

300 g Mehl
120 g Sultaninen
120 ml Milch
50 g Zucker
30 g weiche Butter
1 Ei
10 g Trockenhefe
60 g NUTELLA®
1 Prise Salz

Kleine Schnecken nach einer Backtradition, die ihren Ursprung im berühmten »Bun House« im Londoner Stadtteil Chelsea (18. Jh.) haben. Selbst dem britischen König Georg II. sagt man ein Faible dafür nach. Das Geschäft musste 1839 schließen, doch das Rezept lebte weiter. Und mit einem Klecks Nutella werden die Schnecken geradezu unwiderstehlich.

Sultaninen in einer Schüssel mit lauwarmem Wasser einweichen. Das Mehl mit dem Salz in eine leicht angewärmte, gut ausgetrocknete Schüssel sieben. Milch in einem hohen Topf erwärmen, vom Herd nehmen und unter ständigem Rühren nach und nach die Hefe zugeben. Vorsicht: Die Milch darf dabei nicht zu heiß werden, da sonst die Hefe ihre Wirkung nicht mehr entfalten kann! Dann einige Zeit gehen lassen.

Vom zuvor durchgesiebten Mehl 150 g entnehmen, in eine gesonderte Schüssel geben und unter Rühren nacheinander Zucker, die klein geschnittene, weiche Butter und das leicht geschlagene Ei zufügen. In die anderen 150 g Mehl langsam die mit Hefe versetzte Milch einrühren und beides gut durchmischen.

Beide Mischungen zusammengeben und mit den Händen etwa 10 Minuten lang zu einem glatten, homogenen Teig kneten. Er darf nicht mehr an den Fingern kleben. Eventuell noch etwas Mehl zugeben.

Den Teig ein paar Minuten lang auf einer mit Mehl bestäubten Fläche kneten und dann zu einem ca. 1cm dicken Rechteck ausrollen. Nun die Nutella-Creme mit einer Kuchenpalette (Pfannenmesser) in einer dünnen Schicht auf den Teig streichen (Ränder dabei auslassen). Darüber die eingeweichten und gut abgetropften Sultaninen gleichmäßig verteilen. Die Teigplatte von der Längsseite her aufrollen und mit einem scharfen Messer 1–2 Finger breite Scheiben abschneiden.

Die Scheiben in eine große Backreine (oder eine andere große feuerfeste Form) geben und dabei dicht aneinanderlegen, damit sie beim Backen in Form bleiben und schön hoch werden.
Im vorgeheizten Backofen die Chelsea Buns bei 200 °C in ca. 15 Minuten backen. Noch lauwarm serviert schmecken sie am besten.

Marmorkranz mit Joghurt

Die italienische Küche hat eine ganze Reihe von Spezialitäten zu bieten, die in einer Ringform gebacken werden, süße wie salzige. Bei diesem Rezept für einen saftigen Kuchen sorgt die Nutella-Creme für einen raffinierten Marmoreffekt.

für **6** Personen

125 g Naturjoghurt (Vollfettstufe)
200 g Zucker
210 g Mehl
100 g Maiskeimöl
85 g NUTELLA®
3 Eier
1 Prise Salz
abgeriebene Schale von 1 Bio-Zitrone
1 Päckchen Backpulver
Puderzucker

Eier und Zucker in einer großen Schüssel mit einem Schneebesen oder dem elektrischen Handrührer schaumig rühren. Nach und nach das gesiebte Mehl, das Backpulver und die Prise Salz zugeben. Unter ständigem Rühren den Joghurt, das Keimöl und die abgeriebene Zitronenschale hinzufügen.

Die Hälfte des Teigs in eine gefettete Kuchenform mit Rohrboden geben.

Den restlichen Teig vorsichtig mit der Nutella-Creme verrühren, auf dem hellen Teig verteilen und mit einer Gabel so durch den Teig ziehen, dass sich heller und dunkler Teig an der Übergangsstelle zu Mustern durchziehen.

Im vorgeheizten Backofen bei 180 °C ca. 30 Minuten backen. Auf einer Kuchenplatte abkühlen lassen und mit Puderzucker bestäuben.

Muffins mit Müsli und Schokoladenstückchen

ergibt **6** Muffins

100 g Naturjoghurt (Vollfettstufe)
60 g NUTELLA®
50 g Mehl
30 g Knusper-Müsli oder Haferflocken
20 g Maismehl
30 g Rohrzucker
30 g Butter
1 Ei
1 TL Milch
1 TL Backpulver
30 g Schokoladentropfen

Hier eine Variante der amerikanischen Muffins, die kleiner und schneller zubereitet sind als ihre mit Backhefe angesetzten englischen Verwandten. Sie schmecken nicht nur ausgezeichnet zum morgendlichen Capuccino, sondern verlocken genauso zum Naschen zwischendurch und passen zum Tee. Mit den Schokotropfen werden sie auch zum großen Hit beim Kindergeburtstag.

In einer großen Salatschüssel Mehl, Maismehl, das grob gehackte Müsli und das Backpulver mischen. In einer zweiten Schüssel die Eier mit dem elektrischen Handrührer schlagen und der Reihe nach den Rohrzucker, die zerlassene, lauwarme Butter, den Joghurt und die Milch unterrühren. Nach und nach die Mehlmischung unterziehen und sorgfältig verrühren. Anschließend die Nutella-Creme und 20 g der Schokoladentropfen dazugeben. Damit die Muffins schön locker werden, den Teig nicht übermäßig schlagen. 15 Minuten ruhen lassen. Muffinformen, am besten aus Silikon, ausfetten. Jede Form knapp über die Hälfte mit Teig füllen und die restlichen Schokoladentropfen darüberstreuen. Im

vorgeheizten Backofen bei 170 °C ca. 25 Minuten backen. Anschließend die Muffins herausnehmen, mindestens 5–10 Minuten abkühlen lassen und noch warm servieren.

Unvergesslich die Szene in *Vom Winde verweht*, in der das Kindermädchen Mammy mit einem Tablett frischen Gebäcks in der Hand erscheint und die zu einem Fest eingeladene Scarlett ermahnt: »Junge Damen aus gutem Hause dürfen sich auf Partys nicht vollstopfen! Nimm also noch eines von meinen Muffins, bevor du gehst!«

Gewürzbrot

Dieses köstliche Brot ist eine gelungene Überraschung für jedes Sonntagsfrühstück. Aber verraten Sie nicht, dass Sie eigentlich übrig gebliebenes Eiweiß verwerten wollten. Gut in Aluminiumfolie verpackt, hält sich das Gewürzbrot mehrere Tage. Und mit weniger Gewürzen eignet es sich durchaus einmal als besonderes Pausenbrot für Ihre Kinder.

Eiweiß in eine große Schüssel geben und kurz verrühren (nicht zu Schnee schlagen). Nach und nach den Zucker hinzufügen und die beiden zuvor vermischten Mehle unterrühren. Ein paar Minuten alles gut vermengen, anschließend in kleinen Portionen die Nutella-Creme und zum Schluss die in Stücke geschnittene Butter zugeben. Etwa 10 Minuten lang gut durchschlagen und zuletzt die Gewürze daruntermischen: Zimt, Sternanis und Muskatnuss.

In eine gefettete Backform oder Reine (ca. 26 x 38 cm) füllen und im vorgeheizten Ofen bei 160 °C in 35–40 Minuten backen.

Das Gewürzbrot kalt oder lauwarm und in rechteckige Scheiben geschnitten servieren.

für **8** Personen

4 Eiweiß
120 g Zucker
110 g Mehl
100 g NUTELLA®
50 g Kastanienmehl
40 g weiche Butter
½ TL Zimt
½ TL gemahlener Sternanis
½ TL gemahlene Muskatnuss

Wer kein Kastanienmehl zur Verfügung hat, kann es durch die gleiche Menge Speisestärke oder auch durch 150 g Weizenmehl ersetzen.

Orangen-Plumcake

für **6** Personen

135 g Mehl
100 g Rosinen
80 g Orangeat
70 g Butter
60 g Schlagsahne
50 g Zucker
60 g NUTELLA®
3 große Eier
10 g Backpulver
½ Päckchen Vanillezucker
abgeriebene Schale von 1 Bio-Orange
Saft von ½ Orange
2 TL Orangenaroma

Schon Pellegrino Artusi, Begründer der italienischen Nationalküche, beschrieb den Orangen-Plumcake in seinem Werk »Von der Wissenschaft des Kochens und der Kunst des Genießens« im Kapitel »Torten und Süßspeisen, die mit dem Löffel gegessen werden«. Er setzte ihn mit dem Plumpudding gleich. Übrigens, das englische Wort »Plum« heißt nicht nur Pflaume, sondern bezeichnet auch eine große Rosine, und um diese handelt es sich – natürlich in der Mehrzahl – bei diesem Kuchen. Unsere Variante hat ein leicht mediterranes Flair, bedingt durch die Orange, die sich gut mit dem nussigen Nutella-Geschmack verträgt. Das Orangeat lässt sich genauso durch Mandeln, Pinienkerne, Walnüsse oder Pistazien ersetzen.

Orange waschen, abtrocknen, Schale abreiben und eine halbe Orange auspressen. Den Saft über ein Sieb in eine Schüssel gießen, die Rosinen zugeben und mindestens 20 Minuten unter gelegentlichem Umrühren im Orangensaft ziehen lassen.

In der Zwischenzeit in einer Teigschüssel die bei Zimmertemperatur weich gewordene Butter mit dem elektrischen Handrührer schaumig schlagen. Zucker einarbeiten und unter ständigem Rühren nacheinander Eier, gesiebtes Mehl, Backpulver und Vanillezucker dazugeben.

Die Sahne schlagen, bis sich ihr Volumen etwa verdoppelt hat (sie sollte noch weich bleiben). Die Nutella-Creme in kleinen Mengen unterziehen und vorsichtig von unten nach oben verrühren, damit die Sahne nicht zusammenfällt.

Die Sahne-Nutella-Mischung löffelweise unter den vorbereiteten Teig rühren. Zum Schluss kommen die eingeweichten Rosinen, das Orangeat, die Orangenschale und das Orangenaroma dazu.

Alle Zutaten gut vermischen. Eine rechteckige Kuchenform (ca. 10 x 26 cm) einfetten, mit Mehl bestäuben und die Masse auf etwa zwei Drittel der Formhöhe einfüllen.

Im vorgeheizten Backofen bei 180 °C ca. 45 Minuten backen. Herausnehmen, aus der Form lösen und nach Belieben noch lauwarm servieren.

Plätzchen

Katzenzungen

ergibt **35** Stück

100 g Mehl
60 g Butter
60 g Puderzucker
70 g NUTELLA®
2 Eiweiß

Dieses zarte, delikate Gebäck verdankt seinen Namen seiner typischen Form und der leichten Rauheit seiner Oberfläche, verursacht durch das Eiweiß im Teig. Nutella verleiht den Katzenzungen zusätzlich einen leichten Haselnussduft und eine etwas dunklere Farbe. Was für eine köstliche Überraschung, besonders zu Eis oder Halbgefrorenem!

Butter 2 Stunden bei Raumtemperatur weich werden lassen, dann mit einem Holzlöffel cremig rühren. Den durchgesiebten Puderzucker dazugeben und so lange rühren, bis eine dickliche Paste entsteht. Vorsichtig die Nutella-Creme unterziehen.

In einer zweiten Schüssel das Eiweiß kurz mit dem Schneebesen durchschlagen (auf keinen Fall zu Schnee schlagen) und dann langsam unter die Masse aus Butter, Zucker und Nutella rühren. Das Mehl darübersieben und vorsichtig unterziehen. Der Teig darf nicht zu stark gerührt werden.

Kuchenblech mit Backpapier auslegen. Die Masse in einen Spritzbeutel mit Lochtülle geben und ca. 5 cm lange Stäbchen direkt aufs Backpapier spritzen. Dabei zwischen den Stäbchen etwa 4–5 cm Abstand lassen, denn sie gehen beim Backen in die Breite.

Im vorgeheizten Backofen bei 170 °C ca. 8 Minuten backen, bis sie am Rand knusprig, innen aber noch weich sind. Aus dem Ofen nehmen und auf einem Kuchengitter abkühlen lassen. Sie bleiben ein paar Tage lang duftend frisch.

Sonntagsplätzchen mit heißem Nutella-Getränk

ergibt **35** Plätzchen

für die Plätzchen:
110 g Mehl
110 g Zucker
80 g Speisestärke
2 Eier
1 gestrichener TL gemahlener Sternanis
1 gestrichener TL Zimt
1 gestrichener TL gemahlener Ingwer

für 4 Tassen heiße Schokolade:
240 g NUTELLA®
250 ml Milch

Die sonntäglichen Naschereien aus der Konditorei, so schrieb schon der französische Autor Philippe Delerm, muss man wie ein Pendel an der Schleife der Packung fassen und so nach Hause tragen. Genauso sollte man es überall dort machen, wo die Auslagen der »Zuckerbäcker« eine solche Augenweide sind, dass sie den Käufer in einen beschwingten Zustand des Glücks versetzen. In vielen Haushalten sorgt man aber auch selbst für einen süßen Sonntag. Versuchen Sie es einmal mit diesen Plätzchen und servieren Sie dazu eine köstliche, heiße Nutella-Trinkschokolade. Wer wollte da widerstehen!

Die Eier in einer großen Schüssel schaumig rühren, den Zucker zugeben und weiterrühren, bis eine cremige Masse entstanden ist. Mehl, Speisestärke und Gewürze in einer gesonderten Schüssel mischen, nach und nach durch ein Sieb in die Ei-Zucker-Masse geben und jedes Mal mit einem Holzlöffel vorsichtig verrühren.

Zwei Kuchenbleche mit Backpapier auslegen. Mit einem Teelöffel kleine Teigkügelchen ausstechen und aufs Blech setzen. Dabei reichlich Platz dazwischen lassen und die Kügelchen zu großen Talern formen. Die Plätzchen sollten nun über Nacht an einem warmen Ort ruhen.

Am nächsten Morgen die Plätzchen bei 160 °C in 20–25 Minuten backen. Am besten schmecken sie zu heißer Nutella-Schokolade. Dazu die Nutella-Creme in einen kleinen Edelstahltopf mit dickem Boden geben und nach und nach unter ständigem Rühren (am besten mit einem Holzlöffel) mit der Milch verdünnen. Auf ganz kleiner Flamme unter ständigem Rühren ein paar Minuten eindicken lassen. Heiß oder warm servieren.

Zitronenmürbchen

Dies ist wohl das einfachste selbst gemachte Gebäck. Es weckt alte Kindheits-erinnerungen an gemütliche Küchen, eine Tasse heiße Schokolade und köst-lich intensiven Plätzchendurft. Zitronenmürbchen werden nach einem alten Re-zept aus Mürbeteig zubereitet. Schon im Mittelalter verwendete man ihn für Fleischpasteten und Salziges. Bei diesem Rezept wurde Nutella-Creme ergänzt und statt Butter Öl verwendet. Das macht den Teig etwas leichter.

Mehl auf ein Holzbrett oder in eine große Schüssel sieben, in die Mitte eine Mulde drücken und das Öl mit der Prise Salz hineingeben. Mit einer Gabel verrühren, bis sich Klumpen bilden. Alles zusammendrücken, in der Mitte wieder eine Mulde formen und Eier, Zucker, Zitronenschale und -saft hineingeben. Schnell verkneten, Nutella dazugeben und mit den Händen weiterkneten, bis ein fester, glatter Teig entstanden ist.

Den Teig zu einer Kugel rollen und mindestens 1 Stunde im Kühlschrank ruhen lassen. Anschließend auf eine mit Mehl bestäubte Arbeitsplatte legen und mit dem ebenfalls bemehlten Nudelholz auf ca. ½ cm Dicke ausrollen. Mit Plätz-chenformen die Lieblingsmotive ausstechen: Sterne, Herzen, Blumen usw. Backofen auf 180 °C vorheizen. Die Plätzchen mit etwas Abstand auf ein mit Backpapier ausgelegtes Blech setzen und mindestens 20 Minuten backen. Herausnehmen und abkühlen lassen.

Wer möchte, kann seine Zitronenmürbchen noch glasieren. Dazu mit dem elektri-schen Handrührer das Eiweiß sehr steif schlagen und mit dem Schnee-besen 175 g Puderzucker und et-was Zitronensaft unterrühren, bis eine glatte Creme entsteht. Die Glasur schnell auf die noch heißen Plätzchen streichen.

ergibt **30** Plätzchen

280 g Mehl
95 g Zucker
75 g Maiskeimöl
40 g NUTELLA®
1 Ei
1 Eigelb
1 Prise Salz
abgeriebene Schale von 1 Bio-Zitrone
1 TL Zitronensaft

für die Glasur:
2 Eiweiß
175 g Puderzucker
1 EL Zitronensaft

Plätzchen

●

Zarte Mandeltaler

ergibt **40** Plätzchen

80 g Zucker
65 g geröstete Haselnüsse
65 g geschälte süße Mandeln
2–3 geschälte Bittermandeln
35 g Butter
2 Eier
25 g Mehl
30 g NUTELLA®
1 Prise Salz

Dieses zarte Gebäck wird aus einem Mandel-Haselnuss-Teig zubereitet, dessen Zusammensetzung lange Zeit ein wohlgehütetes Geheimnis war. Die Mandeltaler sehen besonders raffiniert aus, wenn sie auf einem Nudelholz oder einem anderen zylindrischen Gegenstand getrocknet werden. Sie erinnern dann ein wenig an die schönen Dachziegel von früher. Möglich ist auch eine Glasur mit Zartbitter-Kuvertüre. In der hier vorgestellten Version verleiht ihnen Nutella-Creme eine schöne, intensive Haselnussfarbe.

Mandeln und Haselnüsse in einen Mixer füllen und fein mahlen. Eigelb und Zucker in eine Schüssel geben und mit dem elektrischen Handrührer schaumig schlagen. Mit einem Löffel dann die gemahlenen Haselnüsse und Mandeln, die zerlassene, lauwarme Butter sowie nach und nach das Mehl und zum Schluss die Nutella-Creme unterrühren.

Alle Zutaten gut mischen. In einem hochwandigen Gefäß das Eiweiß mit der Prise Salz zu Schnee schlagen, vorsichtig unter die Teigmischung heben und gleichmäßig verrühren. Backblech mit Butter einfetten oder mit Backpapier auslegen und mit einem Teelöffel kleine Häufchen aufs Blech setzen, dabei ausreichenden Abstand lassen. Die Häufchen mit einem kleinen Spatel oder der Rückseite eines Stahllöffels zu ca. 5–6 cm großen Talern drücken.
Bei 175 °C backen.

Die Plätzchen unbedingt rechtzeitig aus dem Ofen nehmen: Nur die Ränder sollen goldbraun sein. Mit der Kuchenpalette (Pfannenmesser) die heißen, noch weichen Plätzchen vorsichtig auf einem Nudelholz oder auf sauberen Glasflaschen auslegen, wenn sie beim Abkühlen die typische Dachziegelform bekommen sollen. Sind die Plätzchen erst einmal abgekühlt, werden sie steif und zerbrechlich und lassen sich nicht mehr biegen. Das ist aber auch nicht schlimm, denn ganz gleich, welche Form sie haben – sie schmecken immer köstlich!

Plätzchen

Maisgebäck aus dem Piemont

ergibt **40** Plätzchen

130 g Maismehl
110 g Weizenmehl
130 g Butter
80 g Puderzucker
80 g NUTELLA®
2 Eigelb
1 Prise Salz

Diese traditionelle Gebäckspezialität aus dem italienischen Piemont bereiteten die Hausfrauen früher nach dem Brotbacken zu. Der Teig ist eine Mischung aus Mais- und Weizenmehl, Eiern, Butter und Zucker und sollte nicht zu glatt sein: Man darf die Maiskörnchen durchaus noch beim Knuspern spüren. Diese Maisplätzchen sind ein köstliches Dessert, besonders wenn man sie zu einer Zabaione und einem Glas Dessertwein (Trockenbeerenauslese – Passito oder Moscato dolce) reicht.

Beide Mehlsorten in eine große Schüssel sieben und mit Puderzucker und Salz vermischen. Die etwa 1 Stunde bei Zimmertemperatur angewärmte Butter klein schneiden und darunterrühren. Die Eigelbe, eines nach dem anderen, und die Nutella-Creme ebenfalls unterrühren. Alle Zutaten nun zu einem glatten Teig verarbeiten.

Aus der Teigmasse fingerdicke, 14–15 cm lange Rollen formen und in die gewünschte Form legen: zu Ringen, Halbmonden oder S-Formen. Die Plätzchen auf ein gefettetes, mit Mehl bestäubtes Backblech setzen. Im vorgeheizten Ofen bei 200 °C etwa 10 Minuten backen; dabei aufpassen, dass das Gebäck nicht zu dunkel wird. Aus dem Ofen nehmen und abkühlen lassen, mit dem Pfannenmesser auf eine Kuchenplatte setzen.

Mohrenglück

ergibt **20** Plätzchen

60 g feines Maismehl
60 g Weizenmehl
40 g Zucker
30 g Butter
30 g NUTELLA®
35 g Rosinen
1 Ei
½ TL Backpulver
1 Prise Salz
30 g Pinienkerne (wenn gewünscht)

Schon Starkoch Pellegrino Artusi warnte in seinem 1891 erschienenen Werk »Die Wissenschaft des Kochens und die Kunst des Genießens« alle Mütter vor den riskanten Auswirkungen dieser Plätzchen: Es könnten schnell Tränen fließen, wenn für die Kinder nicht genug davon da sind. Mit Nutella verfeinert, ist das Mohrenglück perfekt – einfach himmlisch!

Rosinen mindestens 30 Minuten lang in lauwarmem Wasser oder in einem weißen Dessertwein (Passito) einweichen. Anschließend abtropfen lassen und auf einem Stück Küchenpapier trocken werden lassen. Beide Mehlsorten mit der Prise Salz und dem Backpulver vermischen, die zuvor geschmolzene Butter dazugeben und zusammenkneten. In einer hohen Schüssel Ei und Zucker verrühren und mit dem elektrischen Handrührer zu einer schaumigen Creme aufschlagen. Nach und nach unter die Mehl-Butter-Masse ziehen.

Die Rosinen zugeben, wenn gewünscht, auch die Pinienkerne, und zum Schluss die Nutella-Creme. Alles gut vermischen. Den Teig zu zwei 4 cm dicken Strängen formen und diese in ca. 6 cm lange Stücke schneiden. Die Stücke dann zu ca. ½ cm dicken Rauten mit abgerundeten Ecken modellieren.

Kuchenblech mit Backpapier auslegen und die Rauten mit reichlich Abstand daraufsetzen. Etwa 15 Minuten lang bei 160–170 °C backen. Aus dem Ofen nehmen und noch warm mit Puderzucker bestäuben. Luftdicht in einer Keksdose verschlossen, halten sie sich tagelang frisch.

Cantucci (Mandelgebäck)

Die »Biscotti di Prato«, wie sie auch genannt werden, findet man in der Toskana bei fast jedem Bäcker und Konditor. Meist werden sie in Dessertwein (Vin Santo) eingetunkt und so gegessen. Da es sich um trockene Kekse handelt, bleiben sie lange frisch. Mit einem Klecks Nutella im Teig erhalten die Cantucci zusätzlich noch eine besondere Geschmacksnote.

Mandeln in einen Mixer geben und grob hacken. Butter im Wasserbad langsam zerlassen. Das Mehl auf die Arbeitsfläche oder in eine große Schüssel sieben, in die Mitte eine Mulde drücken und Zucker, Ei, die Prise Salz und die geriebenen Schalen von Orange und Zitrone hineingeben.

Alles zusammen zu einem Teig verkneten, dann nach und nach die Nutella-Creme und die zerlassene, lauwarme Butter zufügen. Sind alle Zutaten gleichmäßig eingearbeitet, die Mandeln zugeben. Den Teig mit den Händen gut durchkneten, in zwei Hälften teilen und zwei etwa 30 cm lange und ca. 4–5 cm dicke Rollen formen.

Die beiden Rollen vorsichtig auf ein mit Backpapier ausgelegtes Blech mit reichlich Abstand zueinander setzen und mit Eigelb bestreichen.
Bei 180 °C in 20 Minuten backen.
Rollen aus dem Ofen nehmen und noch heiß in ca. 1 cm dicke, leicht schräge Scheiben schneiden. Noch mal 5 Minuten in den Ofen geben.

Die fertigen Cantucci herausnehmen und auf einem Gitter abkühlen lassen.

ergibt **24** Plätzchen

170 g Mehl
30 g Butter
50 g Zucker
70 g geschälte süße Mandeln
30 g NUTELLA®
1 Ei
1 Eigelb
5–6 g Backpulver
abgeriebene Schale von ½ Bio-Zitrone
abgeriebene Schale von ½ Bio-Orange
1 Prise Salz

Zum Tee

Großmutters Amaretti

ergibt **80** Plätzchen

75 g Mehl
45 g fein gemahlenes, gelbes Maismehl
85 g geschälte, geröstete und gemahlene Haselnüsse
80 g ganze Haselnüsse zur Dekoration
50 g weiche Butter
50 g Zucker
1 Eigelb
100 g NUTELLA®
1 gestrichener TL Zimt
1 EL Rum oder Amaretto (Mandellikör)

Plätzchen und Kekse gibt es in schier unendlichen Varianten. Jede Region Italiens scheint für die einzelnen Festlichkeiten des Jahres ein besonderes Gebäckrezept zu haben. Manche Spezialitäten wie die Amaretti findet man jedoch häufiger. Natürlich hat jede Köchin ihr eigenes Rezept – so wie das von Großmutter Caterina aus dem südlichen Piemont. Nachdem in dieser Region viele Haselnüsse wachsen, nimmt man sie für die Amaretti hier lieber als Mandeln. Bei Großmutters Amaretti dürfen auch gern die Enkel mithelfen, z. B. mit dem Löffel kleine Häufchen aufs Blech setzen und zum Schluss in die Mitte jedes Plätzchens eine Haselnuss stecken, am liebsten die schönen frischen, die man am Ende des Sommers vielleicht sogar selbst gesammelt hat.

Eigelb und Zucker mit dem elektrischen Handrührer schaumig schlagen. Löffelweise das gesiebte Mehl und das Maismehl zugeben sowie die fein geriebenen Haselnüsse. Die bei Zimmertemperatur weich gewordene Butter unterrühren, danach die Nutella-Creme in kleinen Portionen hinzugeben. Mit Zimt und Amaretto-Likör würzen.

Alles mit den Händen zu einem glatten Teig verkneten. Mit einem Kaffeelöffel kleine Häufchen ausstechen und zwischen den Handballen zu walnussgroßen Kugeln formen. In die Mitte einer jeder Kugel wird zum Abschluss eine ganze Haselnuss gesetzt.

Amaretti auf ein mit Backpapier ausgelegtes Blech legen und im vorgeheizten Ofen bei 140 °C ca. 20 Minuten backen. Abkühlen lassen, nach Belieben mit Puderzucker bestäuben und servieren.

Madeleines

ergibt **12** Plätzchen

100 g Mehl
60 g Butter
60 g Zucker
20 g NUTELLA®
2 Eier
2 Prisen Backpulver
1 gehäufter EL Puderzucker
1 TL Orangenblütenwasser
abgeriebene Schale von ½ Bio-Zitrone
1 Prise Salz

Der Überlieferung zufolge soll das berühmte Pariser Gebäck nach einer Dienstmagd des 1760 nach Frankreich emigrierten polnischen Königs benannt sein. Die weichen, duftigen Küchlein werden gewöhnlich zu einer Tasse Tee oder Kaffee gereicht. Natürlich darf diese Spezialität hier nicht fehlen, denn verfeinert mit Nutella, sind Madeleines einfach unwiderstehlich.

Das Mehl mit dem Backpulver durchsieben. Butter im Wasserbad oder auf kleinster Flamme zerlassen. Sofort vom Feuer nehmen und in die lauwarme Butter die Nutella-Creme einrühren. Gut vermischen.

Eier in eine Schüssel geben und zusammen mit dem Zucker und der Prise Salz mit dem elektrischen Handrührer schaumig schlagen (mindestens eine Viertelstunde lang, wenn man Pellegrino Artusi glauben darf). Es soll eine weißliche, cremige Masse entstehen.

In die Ei-Zucker-Creme das Mehl sieben, dabei mit einem Holzlöffel in kreisförmigen Bewegungen von oben nach unten rühren. Die geriebene Zitronenschale dazugeben. Unter weiterem ständigem Rühren nach und nach die Mischung aus zerlassener Butter und Nutella untermischen. Zum Schluss kommt für ein raffiniertes Aroma das Orangenblütenwasser dazu.

Muschelförmige Madeleineformen ausfetten (am besten weiche aus Silikon) und die Masse ca. dreiviertelhoch einfüllen.

Backofen vorheizen und die Madeleines bei 190 °C in 15 Minuten backen, bis sie aufgegangen und leicht gebräunt sind. Herausnehmen und noch warm mit Puderzucker bestäuben. Auf einem Kuchengitter auskühlen lassen.

Die Madeleines verdanken ihre Berühmtheit nicht zuletzt dem französischen Schriftsteller Marcel Proust, der die »kleinen Gebäckmuscheln« in seinem Meisterwerk *Auf der Suche nach der verlorenen Zeit* verewigt hat.

Englisches Werbeplakat aus dem 19. Jahrhundert. Backen kinderleicht gemacht: Unser erster Kuchen für Mama! Da wird sie aber überrascht sein!

Haselnussmakronen

Diese Plätzchen haben eine etwas unregelmäßige, grobe Form, die sie ihren Hauptingredienzien verdanken, nämlich gehackten Haselnüssen und Mandeln. Im Piemont sind sie weit verbreitet und gelangten von hier aus in die Toskana. Dort machen sie den Cantucci ziemlich Konkurrenz, da sie ebenfalls lange ihren »Biss« behalten, vorausgesetzt, man bewahrt sie luftdicht und trocken auf. Die »Nutella-Version« schmeckt besonders lecker.

Die Hälfte der Haselnüsse grob hacken; die andere Hälfte mit dem Nudelholz zerkleinern. Eiweiß mit der Prise Salz in einer Schüssel zu festem Schnee schlagen. Unter vorsichtigem Rühren von unten nach oben nach und nach Zucker, Zimt und die gehackten und zerkleinerten Haselnüsse unterheben. Zum Schluss nach und nach die Nutella-Creme unterziehen, die Masse darf nicht zusammenfallen.

Den Teig in einen breiten Topf mit dickem Boden füllen und unter ständigem Rühren mit einem Holzlöffel auf kleiner Flamme ca. 10 Minuten »antrocknen«, bis er die Konsistenz einer glänzenden, etwas klebrigen Creme hat. Herd ausschalten. Von der Teigmasse mit dem Löffel kleine Häufchen entnehmen und auf zwei mit Backpapier oder Alufolie ausgelegte Backbleche setzen; dabei zwischen den Plätzchen einen größeren Abstand lassen.

Im vorgeheizten Ofen bei 145–150 °C ca. 20–25 Minuten backen, bis sie trocken sind. In einer gut verschlossenen Blechdose bleiben sie tagelang knusprig.

ergibt **20** Plätzchen

100 g geröstete Haselnüsse
80 g Zucker
70 g Eiweiß
40 g NUTELLA®
1 Prise Salz
½ TL Zimt

Zum Tee

Makronen

ergibt **25–30** Plätzchen

für die Plätzchen:
125 g geschälte süße Mandeln
225 g Zucker
100 g Eiweiß
50 g Puderzucker

für die Füllung:
100 g Schlagsahne
50 g NUTELLA®

Sie sind ein Lieblingsgebäck der Franzosen, Symbol und Krönung eines hoch entwickelten Konditorhandwerks, das unerschöpflich ist in der Herstellung köstlicher und verführerisch dekorierter Ware. Man hat Paris nicht erlebt, ohne bei den Spitzen-Patissiers Pierre Hermé oder Ladurée ein paar dieser köstlichen Makronen probiert zu haben. Beide Konfiserien befinden sich unweit voneinander im Quartier Latin. Dieses Rezept stellt eine etwas einfachere Variante der Makronen mit Nutella-Füllung vor: vielleicht nicht ganz französisch, aber trotzdem eine zartschmelzende Versuchung!

Die Mandeln zusammen mit 125 g Streuzucker in einen Mixer füllen und ganz fein mahlen. In eine Schale geben und den Puderzucker unterrühren.

In einer großen Schüssel das Eiweiß zu steifem Schnee schlagen. Nach und nach die restlichen 100 g Streuzucker hineinrühren. In diese relativ feste Baisermasse die fein gemahlene Zucker-Mandel-Mischung vorsichtig einarbeiten. Gut vermischen, aber nicht zu lange rühren.

Ein Blech mit Backpapier auslegen. Die Teigmasse in einen Spritzbeutel mit Lochtülle füllen und gleich große Baisertupfen aufs Blech setzen. Der Abstand zwischen den einzelnen Häufchen sollte dabei recht groß sein, da sie sich beim Backen auf 5–6 cm ausdehnen. Die Baisertupfen ca. 30 Minuten ruhen lassen. Dann im vorgeheizten Backofen bei 170 °C etwa 12 Minuten backen.

In der Zwischenzeit die Füllung vorbereiten: Nutella in eine Schüssel geben, die Sahne steif schlagen und in kleinen Mengen mit kreisenden Bewegungen von oben nach unten unterheben. Die Sahne darf nicht zusammenfallen.

Die gebackenen Makronen abkühlen lassen und paarweise wie abgebildet mit der Sahne-Nutella-Creme füllen.

Tipp: Am nächsten Tag schmecken sie noch besser – wenn etwas übrig bleibt ... Ungefüllt halten sich die Makronen ein paar Tage lang frisch.

Links: Die charmante alte Konfiserie »Maison des Sœurs Macarons« in Nancy. Diese Stadt war schon im 17. Jahrhundert für die Makronen bekannt, die die Schwestern des Karmeliterordens zubereiteten. Offenbar verarbeiteten die Klosterfrauen generell gerne Mandeln. Sie hielten sich damit an einen Leitsatz der hl. Teresa von Avila, nach dem junge Frauen, die kein Fleisch essen, möglichst viele Mandeln zu sich nehmen sollen.

Baci di Dama

ergibt **25–30** Plätzchen

100 g Mehl
100 g Zucker
100 g Butter
100 g geschälte süße Mandeln
2–3 geschälte Bittermandeln
(wenn gewünscht)
60 g NUTELLA®

Pellegrino Artusi bezeichnete sie in seinem Standardwerk nicht als »Damen-küsse« – das bedeutet »baci di dama« –, sondern als »bocca di dama« – Da-menmund. Er gibt dafür zwei Rezeptvarianten an, die von den Zutaten her ähn-lich sind, sich aber in den Mengen unterscheiden, denn »wer möchte, backe sie ohne Mehl. Ich hingegen halte das Mehl für notwendig, um ihnen die nötige Konsistenz zu verleihen.«

Mandeln auf einem Backblech ausbreiten und bei 180 °C ein paar Minuten im Ofen goldbraun rösten. Abkühlen lassen. Im Mixer die Mandeln mit dem Zucker ganz fein mahlen. In eine Schüssel geben, das gesiebte Mehl und die in kleine Stücke geschnittene Butter dazugeben und mit den Händen zu einem glatten Teig verkneten. Dabei zügig arbeiten, um den Teig nicht zu erwärmen.

Den fertigen Teig zu einer Kugel formen, in Frischhaltefolie wickeln und 45 Mi-nuten im Kühlschrank ruhen lassen. Teig herausnehmen und mit den Händen etwa 1 cm dicke Rollen formen. Die Rollen in ca. 1 cm große Stücke schnei-den und zu Kugeln formen.

Mit ausreichendem Abstand auf ein mit Backpapier ausgelegtes Blech setzen und bei 160 °C in 5–20 Minuten backen, bis sie goldbraun sind.

Die Plätzchen aus dem Ofen nehmen, bei Zimmertemperatur abkühlen lassen und dann je zwei mit einem Klecks Nutella dazwischen zusammensetzen. Ein paar Stunden warten, bis die Creme fest geworden ist, und erst dann servieren.

Kokosmakronen

ergibt **30** Plätzchen

100 g Kokosraspel
80 g Zucker
75 g NUTELLA®
2 Eiweiß
1 Prise Salz

Schon seit Anfang des letzten Jahrhunderts zählt Kokosnuss zu den beliebtes-ten »exotischen« Zutaten der Pâtisserie-Kunst. Bei den diversen Versuchen, das Rezept weiter zu verbessern, das unsere Großmütter noch in Schönschrift in ih-rem persönlichen Kochbuch verewigten, fanden sich immer bereitwillige und be-geisterte »Versuchskarnickel«. Die Plätzchen haben nur einen Nachteil: Hat man einmal mit dem Naschen angefangen, kann man nicht mehr aufhören!

Eiweiß mit der Prise Salz in eine Schüssel geben und mit der Gabel kurz durch-schlagen, bis beides gut vermischt ist (auf keinen Fall zu Schnee schlagen). Mit einem Löffel den Zucker und Kokosraspel unterrühren, dann die Nutella-Creme unterziehen. Der Teig sollte jetzt einheitlich glatt und nicht zu weich sein.

Ein Blech mit Backpapier oder Alufolie auslegen. Mit einem Teelöffel kleine Häufchen aus der Teigmasse ausstechen und aufs vorbereitete Blech setzen.

Im vorgeheizten Backofen bei 180 °C in 10–15 Minuten backen. Besonders verlockend sehen die Kokosmakronen aus, wenn man sie noch warm mit Kokosraspel bestreut.

Ricciarelli

Ricciarelli sind eine Gebäckspezialität, die man vorwiegend in Siena, aber auch in anderen Provinzen der Toskana findet. Angenehm weich und sehr süß erinnern sie mit ihrer rauen Oberfläche stark an Marzipan. Mit Nutella sind die Ricciarelli allerdings nicht ganz so hell. Der Begründer der italienischen Nationalküche Pellegrino Artusi empfahl, sie vor dem Backen auf dünne Waffeln zu setzen; heute verwendet man Oblaten. Bei diesem Rezept kommt man aber auch ohne Oblaten aus.

Man verwendet entweder fertig geröstete geschälte Mandeln oder gibt geschälte Mandeln auf ein Backblech und lässt sie 5–10 Minuten bei 180 °C im Ofen »garen«. Sie sollten sich dabei nicht verfärben und schon gar nicht braun werden. Nach dem Abkühlen in einen Mixer füllen und zusammen mit dem Streuzucker fein mahlen. Die Masse in eine Schüssel geben und die geriebene Zitronenschale, Vanillezucker, löffelweise die Nutella-Creme und Orangenblütenwasser zufügen. Alles gut vermischen.

Eiweiß mit einer Prise Salz zu festem Schnee schlagen und unter ständigem Rühren vorsichtig mit einem Holzlöffel unter die Masse ziehen, bis sie mit den Händen geknetet werden kann.

Arbeitsfläche gut mit Puderzucker bestreuen und den Teig auf 2 cm Stärke ausrollen. Mit einem dick mit Puderzucker bestäubten Messer etwa 3 cm breite und 5 cm lange Ovale oder Rauten ausschneiden. Anschließend die Ricciarelli mit einer ebenfalls mit Puderzucker bestäubten Kuchenpalette (Pfannenmesser) auf ein mit Backpapier ausgelegtes Backblech setzen. Dabei einen guten Abstand zwischen den einzelnen Plätzchen lassen.

Plätzchen im vorgeheizten Ofen bei 160 °C in 20 Minuten mehr »trocknen« als backen: Sie sollten unbedingt hell und weich bleiben.

Abkühlen lassen und mit Puderzucker bestäubt servieren.

ergibt **50** Plätzchen

300 g geschälte und geröstete Mandeln
300 g Zucker
30 g Puderzucker
65 g NUTELLA®
2 Eiweiß
1 Prise Vanillezucker
abgeriebene Schale von ½ Bio-Zitrone
1 EL Orangenblütenwasser
1 Prise Salz

Petit Fours (kleines Teegebäck)

ergibt **40** Plätzchen

100 g geschälte und geröstete Mandeln
100 g Mehl
65 g weiche Butter
50 g Zucker
50 g NUTELLA®
200 g Aprikosenmarmelade

*Beim Wort Petit Four denkt man meist an das klassische französische Feinge-
bäck aus Biskuitboden, Buttercreme-Füllung und verschiedenfarbiger Glasur.
Der Konditor kennt jedoch noch verschiedene andere, ungefüllte Petit Fours.
Dazu gehören auch die kleinen, süßen Stückchen aus Brotteigresten und Zucker, die früher nach dem Brotbacken in den noch warmen Ofen geschoben
wurden. Unser Rezept ist eine Variante für den Sommer: Petit Fours mit Nutella
und Aprikosenmarmelade.*

Butter in einer Schüssel mit dem Holzlöffel zu einer weichen Creme verrühren.
Danach Zucker, Mehl und die im Mixer ganz fein gemahlenen Mandeln dazugeben und alles gut vermischen. Zum Schluss die Nutella-Creme unterrühren.
Wird ein Marmoreffekt gewünscht, die Nutella-Creme nur kurz unterziehen, bis
sie Streifen bildet.

Mit einem Teelöffel kleine Häufchen ausstechen und zu Kugeln formen, in der
Mitte etwas eindrücken. Die kleinen Petit Fours mit größerem Abstand zueinander auf ein mit Backpapier ausgelegtes Blech setzen und 15 – 20 Minuten im
Ofen backen. Aus dem Ofen nehmen und noch warm die eingedrückte Stelle
mit Aprikosenmarmelade füllen.

Ein paar Stunden bei Zimmertemperatur trocknen lassen. Die Petit Fours bleiben mehrere Tage lang frisch und weich.

Typischer englischer Teesalon gegen
Ende des 19. Jahrhunderts (»The Tea
Shop« von Francis Donkin Bedford,
1899). Ob gefüllt oder nicht, Petit Fours
in ihren unzähligen Varianten sind das
ideale Teegebäck. Wörtlich übersetzt
bedeutet das französische Wort »kleine
Öfen«. Klar – das Gebäck ist klein, und
man brauchte daher zum Backen eigentlich nur kleine Öfen.

Zum Tee

Reistörtchen

ergibt **12** Portionen

130 g Milchreis
50 g NUTELLA®
800 ml frische Milch
25 g Zucker
35 g Orangeat
40 g Orangenmarmelade
(von Bitterorangen)
abgeriebene Schale von 1 Bio-Orange
3 Eier
2 EL Rum
1 Prise Salz
1 Prise Zimt
Semmelbrösel

Reis gilt bekanntlich als ausgesprochen gesund, und in Italien wird er sogar angebaut. Nicht umsonst gehören daher Reisküchlein zu den klassischen Süßspeisen Italiens. Schon Pellegrino Artusi rät in seinem Rezept, das diesem zugrunde liegt: »Sie schmecken warm wesentlich besser als kalt.« Reis lässt sich hervorragend mit Nutella kombinieren.

Milch zum Kochen bringen, Reis und die Prise Salz hineingeben, etwas geriebene Orangenschale zufügen und, wie Meisterkoch Artusi empfahl, »den Reis kräftig kochen lassen; dabei ständig umrühren, damit er nicht anbrennt«.

Wenn der Reis etwa zwei Drittel gar ist, den Zucker und das gewürfelte Orangeat dazugeben. Dann den Reis unter ständigem Rühren mit einem Holzlöffel gut weich kochen, bis alle Milch aufgesogen ist. Herd ausschalten und den Reis abkühlen lassen. Nutella-Creme, Rum, Orangenmarmelade, Zimt und zum Schluss nacheinander die Eigelbe unterrühren. Alles gut vermischen.

In einer Schüssel das Eiweiß zu Schnee schlagen und vorsichtig unter die Reismasse heben. Die Masse in gut eingefettete und mit Semmelbröseln ausgestreute Backförmchen, am besten Savarinformen, füllen – nicht ganz bis zum Rand. Im vorgeheizten Ofen bei 160 °C in 40 Minuten backen, bis sich die Oberfläche goldbraun färbt.

Scones

Wie schon der bekannte Kochbuchautor Allan Bay in einem seiner Werke schreibt: »Scones sind offene Mürbeteigbrötchen, die mit Butter und Marmelade verzehrt werden.« Für Scones gibt es unzählige Rezepte. Die hier vorgestellten Scones zeichnen sich durch ihre ungewöhnliche Haselnussfarbe aus und schmecken besonders gut mit Fruchtmarmelade. Und wer besonders viel »Trost« braucht, kann sie auch mit Nutella bestreichen.

ergibt **3** Stück

100 g Mehl
30 g NUTELLA®
25 g Zucker
25 g Butter
1 Eigelb
1 EL Milch
1/2 TL Backpulver
1 Prise Salz

Mehl und Backpulver in eine große Schüssel sieben, Zucker und Salz dazugeben und vermischen. Die in kleine Stücke geschnittene weiche Butter unterrühren und den Teig mit den Händen kneten; er wird zunächst sehr bröselig. Die Milch darübergießen, Nutella-Creme dazugeben und mit einem Holzlöffel zu einem geschmeidigen, glatten Teig verarbeiten. Tipp: Die Scones schmecken besser, wenn man den Teig nicht zu lange bearbeitet.

Den Teig zu einer Kugel rollen, in Frischhaltefolie wickeln und ca. 1 Stunde im Kühlschrank ruhen lassen.

Inzwischen den Ofen auf 200 °C vorheizen. Eine Backform (Reine) einfetten und mit Mehl ausstreuen. Den Teig auf einer leicht mit Mehl bestäubten Arbeitsfläche auf 1,5 cm Dicke ausrollen. Rundformen von 5–6 cm Durchmesser ausstechen und in die Reine legen. Danach das Eigelb kurz mit 2 EL Wasser verquirlen und die Oberseite der Scones damit einpinseln. In den Ofen schieben und 18 Minuten backen.

Die Scones schmecken am besten, wenn sie noch lauwarm sind. Meist schneidet man sie wie Brötchen in der Mitte auseinander und bestreicht sie mit reichlich Butter und möglichst Erbeermarmelade. Dazu passt ein Klecks Sahne.

Illustration von Walter Crane aus dem Jahr 1875 für *Baby's own alphabet*. Schon Ende des 19. Jahrhunderts gab es wohl keinen Bäcker in England, der nicht sein eigenes Spezialrezept für Scones gehabt hätte.

Desserts

Crème bavaroise mit Erdbeeren

für 6 Personen

220 g reife Erdbeeren
130 g Schlagsahne
60 g Zucker
50 g NUTELLA®
6 g Blattgelatine
½ Orange

für das Erdbeer-Coulis:
100 g Erdbeeren
40 g Zucker

Eine köstliche, schaumig-lockere Creme, die, wie es heißt, auf die französischen Köche im Dienste der bayerischen Kurfürsten zurückgeht und die auch als Bayerische Creme bekannt ist. Die hier vorgestellte Variante mit Erdbeeren und Nutella zeichnet sich durch ihre intensive dunkelrosa Farbe aus.

Erdbeeren pürieren und in eine große Salatschüssel geben. 6 g Blattgelatine etwa 10 Minuten in einer Schale mit kaltem Wasser einweichen. In der Zwischenzeit die Sahne mit dem Zucker steif schlagen und vorsichtig die Nutella-Creme unterziehen. 2 EL Wasser in einem kleinen Topf erwärmen, die abgetropfte und ausgedrückte Gelatine dazugeben und in etwa 1 Minute auf kleiner Flamme unter Rühren auflösen (sie darf nicht kochen).

Gelatine durch ein feines Sieb gießen und mit dem Erdbeerpüree gut vermischen. Den gefilterten Saft der halben Orange dazugeben.

Vorsichtig die steif geschlagene Sahne-Nutella-Mischung unterziehen. Alles gut vermischen und in eine Kuchenform mit Rohrboden füllen; geeignet ist auch eine Form aus Kunststoff oder Silikon mit herausnehmbarem Rohrboden, er erleichtert das Servieren.

Die Creme 5–6 Stunden im Kühlschrank erstarren lassen. Anschließend die Form kurz in ein heißes Wasserbad tauchen und auf eine Tortenplatte stürzen. Mit ganzen oder halbierten Erdbeeren und ein paar Sahnehäubchen dekorieren.

Mit einem Coulis aus pürierten Erdbeeren und Zucker servieren.

Erdbeeren und Schokolade: eine der klassischen Kombinationen für Desserts und Süßspeisen – nicht nur in den Rezepten der Starköche, sondern auch für den schnellen Nachtisch zu Hause.

Desserts

Gianduja-Pudding

für **8** Personen

für den Pudding:
½ l Milch
4 Eier
90 g Zucker
100 g NUTELLA®
70 g trockene Amaretti
70 g geröstete Haselnüsse
10 g bitteres Kakaopulver
20 ml Rum
100 ml starker Kaffee

für den Karamell:
50 g Zucker
1 EL kaltes Wasser
ein paar Tropfen Zitronensaft

Gianduiotto, die berühmte Piemonteser Nugat-Spezialität, ist eine Kreation der Italiener Valdesi Isidore Caffarel und Michele Prochet aus dem Jahr 1865. Sie nannten ihre kleinen, nussigen Nugat-Pralinen nach der berühmten Turiner Karnevalsmaske Gianduja. Nutella-Creme verleiht dem Gianduja-Pudding eine eigene, delikate Geschmacksnote.

Zunächst den Karamell zubereiten: Zucker in eine kleine Edelstahlpfanne mit dickem Boden geben, Wasser und Zitronensaft dazufügen, umrühren und bei mittlerer Hitze den Zucker zum Schmelzen bringen, bis er einen schönen Bernsteinton erhält. Vom Herd nehmen, bevor die Masse dunkel wird, und sofort in die Puddingformen füllen. Ideal sind kleine Töpfchen mit 8 cm Durchmesser und 5 cm Höhe. Boden und Seitenpartien sollten gut mit dem Karamell ausgegossen werden. Abkühlen lassen.

Amaretti zerbröseln, mit den gerösteten Haselnüssen in einen Mixer füllen und fein mahlen. In einer großen Schüssel mit dem elektrischen Handrührer Eier und Zucker schaumig schlagen. Das Kakaopulver, die zuvor angewärmte Milch, den Kaffee, die Amaretti-Haselnuss-Mischung, den Rum und nach und nach die Nutella-Creme unterziehen. Mit einem Holzlöffel oder Schneebesen alles gut verrühren. Die Masse in die mit Karamell ausgegossenen Puddingformen füllen und in ein vorgewärmtes Wasserbad stellen.

Im vorgeheizten Ofen bei 180 °C etwa 30–35 Minuten backen. Herausnehmen, 2 Stunden abkühlen lassen, danach nochmals 3 Stunden in den Kühlschrank stellen. Karamellisierten Pudding auf kleine Dessertteller stürzen und servieren.

Die italienische Schokoladenspezialität »Gianduiotto« verdankt ihren Namen der Turiner Karnevalsmaske des Spaßmachers Gianduja (hier abgebildet). Es war die erste verpackte Schokoladenpraline der Welt. Und so lautet der Werbespruch auf dem Plakat: »Ich war die Erste und bleibe die Beste!«

Schmelzendes Herz

In vielen italienischen Restaurants findet man auf der Speisekarte die »cuore fondente«, feine, kleine Torten mit einem weichen Herz aus Schokolade. Nutella macht die Schokofüllung noch etwas softer und auch etwas gehaltvoller.

Butter bei Zimmertemperatur weich werden lassen. In eine Schüssel geben und mit einem Holzlöffel cremig rühren. Danach vorsichtig die Nutella-Creme unterziehen. Nacheinander die einzelnen Eier, den Zucker und das Salz zugeben. Zum Schluss das Mehl zusammen mit dem Backpulver darübersieben und zu einem Teig verarbeiten.

6 feuerfeste Puddingförmchen – praktischer sind weiche Silikonförmchen – einfetten und mit Mehl bestäuben. In jedes dieser Förmchen 2 große EL Teig füllen und alle 7 Minuten lang bei 170 °C backen. Herausnehmen und die Teigoberfläche mit den Schokoladentropfen bestreuen. Mit dem restlichen Teig auffüllen und wieder bei 170 °C in den Ofen geben. 15 Minuten backen und noch lauwarm servieren.

ergibt **6** Portionen

100 g Schokoladentropfen (Callets)
80 g Mehl
70 g NUTELLA®
70 g Butter
50 g Zucker
2 Eier
1 TL Backpulver
1 Prise Salz

Kalter Kaffee-Pudding

Das Rezept für dieses kalte Dessert stammt aus dem warmen Sizilien. Nutella-Creme nimmt dem erfrischenden, klaren Pudding etwas seine Transparenz und macht ihn gehaltvoller. Man kann ihn auch gut so wie ein Sorbet zwischen den Gängen eines Menüs reichen.

Espresso kochen und abkühlen lassen. Speisestärke in einen kleinen Topf geben und langsam den Kaffee dazugießen. Dabei mit einem Holzlöffel rühren, bis die Speisestärke aufgelöst ist. Den Zucker, das Kakaopulver und dann nach und nach die Nutella-Creme zugeben. Weiterrühren, bis die Nutella-Creme gleichmäßig eingearbeitet ist. Mit geriebener Zitronenschale abschmecken. Zum Schluss mit dem Wasser verdünnen.

Die Masse auf kleiner Flamme unter ständigem Rühren zum Sieden bringen: Sie verwandelt sich in wenigen Minuten in eine dicke, glatte Creme. Vom Herd nehmen und in 6 Pudding- oder Silikonformen füllen. Mindestens 6–8 Stunden im Kühlschrank erkalten lassen. Zum Servieren den Inhalt der Förmchen auf Teller stürzen. Das Kakaopulver in ein feinmaschiges Sieb geben und zum Abschluss die Dessertportionen damit bestäuben.

ergibt **6** Portionen

70 g Zucker
30 g Speisestärke
50 g NUTELLA®
200 ml starker Espresso
abgeriebene Schale von 1 Bio-Zitrone
5 g Kakaopulver
250 ml kaltes Wasser

Desserts

Schokoladen-Nutella-Mousse

für **6** Personen

130 g Bitterschokolade mit
60–70 % Kakaoanteil
90 g NUTELLA®
2 Eigelb
3 Eiweiß
1 EL Rum oder Grand Marnier
6–8 Tropfen Orangenaroma
1 Prise Salz

Mit Mousse bezeichnet man schaumig zubereitete Leckerbissen auf der Basis von Sahne oder Eischnee. Am köstlichsten sind die echt französischen kleinen »mousselines«. Es gibt sie sowohl süß als auch salzig, und die salzigen darf man keinesfalls mit Pâté verwechseln, wie schon der französische Meisterkoch Escoffier bemerkte. Unsere Mousse au chocolat gehört natürlich zu den süßen Schätzen der Feinschmeckerküche und macht sich besonders schön in einem hochstieligen Cocktailglas. Likör oder Rum sorgen für ein raffiniertes Aroma und nehmen dem Dessert ein eventuelles Zuviel an Süße.

Schokolade in Stücke brechen und in einen kleinen Topf geben. Die Nutella-Creme zufügen und im nicht zu heißen Wasserbad unter ständigem Rühren langsam erhitzen, bis eine cremige Masse entsteht. Vom Herd nehmen und etwas abkühlen lassen. Unter Rühren die beiden Eigelbe einzeln, den Likör und das Orangenaroma dazugeben. Eiweiß mit der Prise Salz zu steifem Schnee schlagen und anschließend vorsichtig unter die Schokoladenmasse heben.

Die fertige Mousse in langstielige Cocktailgläser füllen und bis zum Servieren im Kühlschrank kalt stellen.

Desserts

Zweifarbiges Parfait mit Torrone

für **6–8** Personen

250 g harter Torrone
2 Eier
300 g Schlagsahne
70 g NUTELLA®
1 TL Kaffeepulver
1 Prise Salz

Das französische Wort »parfait« bedeutet eigentlich »perfekt« – und diese Bezeichnung trägt das gerne mit einer Fruchtgelatine gereichte Dessert zu Recht. Schon der große Küchenmeister Auguste Escoffier lobte es als »eine Art Eis, das immer frische Sahne enthält«. Diese Version bietet dem Genießer noch zusätzlich etwas fürs Auge: Die eingearbeitete Nutella-Creme sorgt für einen dekorativen Marmoreffekt.

Torrone im Mixer klein hacken. In einer Schüssel das Eigelb kurz mit einem Schneebesen verrühren und den gehackten Torrone zugeben. Die Masse wird dann in zwei Hälften geteilt: Einer Hälfte zieht man das gemahlene Kaffepulver und löffelweise die Nutella-Creme unter.

In einer großen Rührschüssel das Eiweiß mit der Prise Salz zu Schnee schlagen. In einer zweiten Schüssel die Sahne steif schlagen. Eiweiß und geschlagene Sahne zu gleichen Teilen unter die helle und die dunkle Masse ziehen.

Die Nutella-Masse in eine rechteckige Glasform (15 x 20 cm) oder in eine große Glasschale füllen und 10–15 Minuten lang ins Gefrierfach stellen. Herausnehmen und die helle Masse darübergeben. Wieder für mindestens 3–4 Stunden ins Gefrierfach stellen. Ein paar Minuten vor dem Servieren herausnehmen.

Klassischer Torrone mit Mandeln und Haselnüssen. Die italienische Küche hat eine Reihe verschiedenster Torrone-Rezepte zu bieten. Die bekanntesten stammen aus Alba, Cremona, Siena und Caltanissetta.

Halbgefrorenes mit Orange und heißer Soße

Eine besondere Spezialität unter den »eisigen« Nachspeisen, die sich durch ihre Zutaten und die besonders cremig-weiche Konsistenz auszeichnet. Halbgefrorenes baut stets auf einer Basiscreme auf, die mit Schlagsahne verfeinert wird. Nutella-Creme dient hier lediglich zur Dekoration in der heißen Soße, die einen optischen Kontrast zum hellen Semifreddo bildet und sich gut mit dem Orangenaroma verbindet.

Eigelb und Zucker schaumig rühren. In einer separaten Schüssel das Eiweiß mit der Prise Salz zu Schnee schlagen. Die Sahne ebenfalls steif schlagen. Zuerst die Sahne, dann den Eischnee vorsichtig mit kreisenden Bewegungen unter die Ei-Zucker-Masse heben. Die Orangenschale und den Grand Marnier zugeben. Eine Kastenform (ca. 20 cm lang) mit Frischhaltefolie auskleiden, die Mischung hineinfüllen und mindestens 4–5 Stunden ins Gefrierfach stellen.

Vor dem Servieren die Soße zubereiten: Alle Zutaten in einen kleinen Topf mit dickem Boden geben und auf kleiner Flamme unter ständigem Rühren mit einem Holzlöffel zum Schmelzen bringen, bis eine glatte Creme entsteht.
Das fertige Halbgefrorene auf eine Platte stürzen und mit einem Messer mit dünner Klinge in Scheiben schneiden. Die heiße Soße getrennt dazu reichen.

für **4–6** Personen

für das Halbgefrorene:
80 g Zucker
4 Eigelb
2 Eiweiß
250 g Schlagsahne
abgeriebene Schale von 1 Bio-Orange
1 EL Grand Marnier
1 Prise Salz

für die Soße:
200 g Bitterorangenmarmelade
150 g Orangenmarmelade
100 g NUTELLA®
2 EL Wasser
3 EL Grand Marnier

Orangen wurden schon immer gerne für Süßspeisen verwendet, besonders in kandierter Form. Hinweise darauf findet man in arabischen und chinesischen Schriften zu Beginn der christlichen Zeitrechnung. Die Zitrusfrucht war aber lange vorher bekannt: Bereits in den Beschreibungen des Gartens der Hesperiden (Göttergarten aus der griechischen Mythologie) wurde sie erwähnt.

Linzertorte

für **6** Personen

für den Teig:
200 g Mehl
120 g kalte Butter
120 g Zucker
65 g geschälte und geröstete Mandeln
60 g geschälte und geröstete Haselnüsse
1 Ei
1 gestrichener TL Backpulver
½ TL gemahlener Sternanis
½ TL Zimt
½ TL gemahlene Nelken
1 Prise Salz

für die Füllung:
50 g Himbeermarmelade
200 g NUTELLA®

Ebenso wie die Sachertorte zählt die Linzertorte zu den Meisterwerken der österreichischen Zuckerbäckerkunst. Jeder, der einmal in Österreich war, kennt sie in der klassischen Variante mit Himbeermarmelade und Teiggitter, die in Linz seit 1696 bekannt ist. In diesem Rezept wird vor dem Backen zusätzlich Nutella-Creme aufgetragen und das Teiggitter einmal weggelassen. Es empfiehlt sich, eine Linzertorte 1–2 Tage vorher zuzubereiten – dann schmeckt sie richtig.

Mandeln und Haselnüsse im Mixer fein mahlen. In einer großen Schüssel die Butter mit dem Zucker cremig rühren, dann das Ei, die fein gemahlenen Mandeln und Haselnüsse, Mehl, Salz, Gewürze und Backpulver dazugeben. Zügig mit den Händen zu einem Teig verarbeiten. Den Teig zu einer Kugel formen und in Frischhaltefolie oder Alufolie wickeln.

Die Teigkugel mindestens 4–5 Stunden im Kühlschrank ruhen lassen. Dann mit dem Nudelholz auf einer leicht mit Mehl bestäubten Arbeitsfläche ca. ½ cm dick ausrollen. Eine Springform von 24 cm Durchmesser einfetten, mit Mehl bestäuben und den Teig einlegen, dabei an den Rändern etwas hochdrücken.

Teigreste zu einer ca. 20 cm langen Rolle formen und als Kreis in die Mitte der Torte setzen. Die Himbeermarmelade in den kleinen Kreis füllen und den äußeren Kreis dick mit Nutella bestreichen. In den Ofen schieben und bei 170 °C etwa 30 Minuten backen.

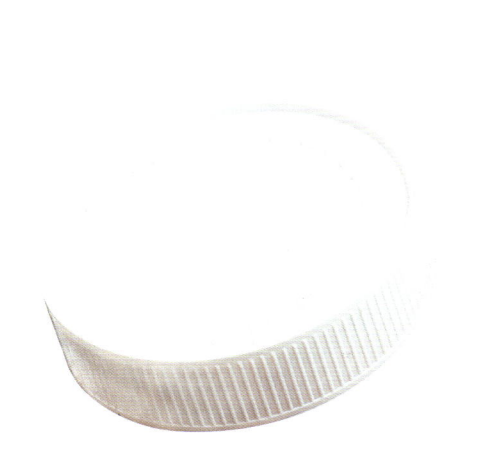

Amerikanischer Käsekuchen

für **6** Personen

130 g süße, trockene Kekse
125 g Ricotta
125 g Frischkäse, Typ Philadelphia
125 g Naturjoghurt (Vollfettstufe)
85 g Pfirsichmarmelade
70 g NUTELLA®
60 g zerlassene Butter
55 g Zucker
15 g Maismehl (vorzugsweise weiß)
1 Ei
1 Eigelb

In vielen Varianten gibt es den beliebten Käsekuchen – ein Klassiker der häuslichen und professionellen Backstube, bei dem immer mit Quark oder Frischkäse gearbeitet wird. Als Evelyn Torton in den Vierzigern in Detroit eine Konditorei eröffnete, hätte sie sich wohl nie träumen lassen, dass gerade ihre Käsekuchenversion ein so großer Erfolg wird: Es entstand eine ganze Restaurantkette mit dem Namen »Cheesecake Factory«. Grundlage ihres Cheesecakes ist ein Mürbeteig. Muss es schnell gehen, greift man zu trockenen, hochwertigen Keksen. Nutella und Quark vertragen sich hervorragend und besonders gut mit leicht süßsaurer Pfirsich- oder Aprikosenmarmelade.

Kekse in den Mixer füllen und fein mahlen. In eine Schüssel geben und mit der im Wasserbad zerlassenen Butter mischen. Boden und Ränder einer Springform von 20 cm Durchmesser mit Alufolie auskleiden und diese mit Öl bepinseln. Gut geeignet ist auch eine biegsame Kunststoffform.

Die Mischung aus Keksen und Butter in die Form füllen und am Boden und am Rand andrücken. Der Boden sollte nach Möglichkeit gleichmäßig dick sein. Anschließend die Form mit dem Teig mindestens 20 Minuten im Kühlschrank kalt stellen.

In der Zwischenzeit die Füllung vorbereiten: Ricotta und Frischkäse mit dem elektrischen Handrührer zu einer Creme schlagen, dann nacheinander Zucker, Mehl, Ei und Eigelb unterrühren. Den Joghurt, die Nutella-Creme und zum Schluss die Marmelade zugeben. Alles gut mit einem Löffel durchrühren, bis eine geschmeidige Masse entsteht.

Den Kuchenboden aus dem Kühlschrank nehmen, die Füllung hineingeben, gleichmäßig auf dem Kuchenboden verteilen und bei 180 °C in 50 Minuten im Ofen backen.

Den Kuchen bei Zimmertemperatur abkühlen lassen und noch mindestens 2 Stunden im Kühlschrank fest werden lassen.

Links: Die Amerikaner bereiten ihren Cheesecake mit Creamcheese zu (links außen). Er ähnelt stark der italienischen Ricotta (rechts daneben).

Klassische Torten ●

Apfelcharlotte

für **6** Personen

600 g Äpfel
200 g Löffelbiskuits
200 g NUTELLA®
150 g geschälte und geröstete Mandeln
60 g Butter
60 g Puderzucker
½ TL Zimt
100 ml Maraschino-Likör
100 ml Wasser

Charlotte, Gemahlin König Georgs III., war die erste britische Königin, die Ende des 18. Jahrhunderts ihren Privatwohnsitz im Buckingham-Palast einrichtete. Sophie Charlotte von Mecklenburg-Strelitz (1744–1818) hatte offenbar eine besondere Schwäche für eine kalte Nachspeise mit Biskuits und Äpfeln. Die berühmte Dessertspezialität erhielt daher ebenso wie die Form, die man dafür braucht, den Namen der preußischen Prinzessin auf dem englischen Thron.

Äpfel schälen, entkernen, in dünne Scheiben schneiden, mit 3 EL Maraschino in einer Kasserolle auf kleiner Flamme 15–20 Minuten dünsten. Wenn sie halb gar sind, mit dem Zimt würzen und fertig dünsten. Die Äpfel vom Herd nehmen, abkühlen lassen und durch ein Sieb streichen. Die Mandeln im Mixer ganz fein mahlen.

Butter und Puderzucker mit einem Holzlöffel zu einer schaumigen Creme verrühren. Die gemahlenen Mandeln, die pürierten Äpfel und die Nutella-Creme nacheinander dazugeben und alles gut durcharbeiten. Die Masse im Kühlschrank kalt stellen.

Eine ca. 10 cm hohe Charlotte- oder Souffléform mit Wasser leicht anfeuchten und einschließlich der Ränder mit Frischhalte- oder Alufolie auskleiden.

Übrigen Maraschino-Likör in eine flache Schale geben und mit dem Wasser verdünnen. Mit einem Kuchenpinsel auf die Löffelbiskuits streichen und diese dann am Rand der Form dicht nebeneinander senkrecht aufstellen. Falls die Löffelbiskuits zu lang sind, am unteren Ende ein Stück abschneiden – sie sollten nicht über den Rand der Form hinausreichen.

Den Boden der Form ebenfalls mit getränkten Löffelbiskuits auslegen, dann die Hälfte der vorbereiteten Creme darübergeben. Eine zweite Schicht getränkter Löffelbiskuits darüberlegen und mit der restlichen Creme auffüllen. Eine dritte Schicht getränkter Biskuits bildet den Abschluss. Die Charlotte mit einem Stück Backpapier oder Alufolie abdecken und eventuell ganz vorsichtig ein wenig zusammendrücken.

Mindestens 6 Stunden, besser 24 Stunden, im Kühlschrank kalt stellen, dann erst aus der Form nehmen. Für den ganz großen Auftritt die Charlotte vor dem Servieren mit heißem Likör übergießen und flambiert zu Tisch bringen.

Kastanien-Vermicelles Mont Blanc

Ein in Frankreich kreiertes, reichhaltiges Winterdessert aus Kastanien, das auch in den angrenzenden italienischen Regionen Aosta-Tal, Piemont und Lombardei beheimatet ist. Den Namen verdankt es seinem Aussehen, das an einen schneebedeckten Berg erinnert. In dieser Variante wurde dem Teig aus Kastanien für die Vermicelles (»Fadennudeln«) noch Nutella-Creme zugefügt und der »Berggipfel« mit einem Sahnehäubchen dekoriert.

Die entweder tiefgefrorenen oder eingeschweißten Esskastanien in einen Topf geben, die Milch und die Prise Salz zufügen und alles auf kleiner Flamme köcheln lassen, bis die Kastanien auseinanderfallen und die Milch aufgesogen ist. Kastanien noch heiß durch eine Kartoffelpresse drücken oder durch ein Passiergerät drehen. Die Masse in eine Edelstahlpfanne mit Antihaftbeschichtung geben. Nutella-Creme, Rum und das Kakaopulver dazugeben und bei kleiner Flamme unter ständigem Rühren ein paar Minuten einköcheln lassen. Noch lauwarm pürieren und in eine Schüssel aus Glas oder Edelstahl füllen.

Luftdicht mit Frischhaltefolie verschließen und mindestens 5–6 Stunden im Kühlschrank kalt stellen.

Die fertige Masse herausnehmen und portionsweise langsam durch die Kartoffelpresse zu dünnen »Fadennudeln« drücken. Auf Desserttellern oder -schalen anrichten. Sahne steif schlagen und mit einem Löffel auf jeden dunklen Kastanienberg ein »Schneehäubchen« zaubern. Vor dem Servieren mit einem Hauch Kakaopulver bestäuben.

für **6** Personen

250 g fertig gekochte Esskastanien
250 g Schlagsahne
170 g NUTELLA®
250 ml Milch
25 g Kakaopulver
1 EL Rum
1 Prise Salz
Kakaopulver

Der echte Mont Blanc und das gleichnamige Dessert: eine kulinarische Reise vom höchsten Gipfel der Alpen auf den Feinschmeckertisch. »Mont Blanc« ist eine klassische Nachspeise aus dem Aosta-Tal, einer rauen Gebirgsregion, in der sich die höchsten Erhebungen Europas befinden.

Klassische Torten

Kastanien-Apfelkuchen

für 6 Personen

500 g Äpfel (Golden Delicious)
250 g fertig gekochte Esskastanien
200 g NUTELLA®
100 g trockene Amaretti
100 ml Milch
2 Eier
40 ml Marsala oder Rum
abgeriebene Schale von 1 Bio-Zitrone
1 Prise Salz

In den Bergregionen der Alpen und des Apennins hat man schon immer gerne Süßspeisen aus Kastanien zubereitet. In puncto Stärkegehalt ähnelt die Kastanie stark dem Weizen und verbindet sich daher auch aufs Angenehmste mit Nutella-Creme. Bei diesem Rezept wird kein Kastanienmehl verwendet – im Gegensatz zum klassischen Kastanienkuchen. Hier sind es gekochte Esskastanien, die mit pürierten Äpfeln vermischt werden. So entsteht ein köstlicher Herbstkuchen, der sich ideal für einen gemütlichen Abend mit Freunden eignet.

Die fertigen Esskastanien müssen so weich sein, dass man sie mit einer Gabel zerdrücken kann. Noch einmal in Wasser aufkochen, die heißen Kastanien durchpassieren und in einer Schüssel beiseitestellen. Äpfel schälen, in Würfel schneiden und im zugedeckten Topf auf kleiner Flamme ca. 15 Minuten köcheln lassen. Wenn nötig, etwas Wasser dazugeben. Wenn die Äpfel zerfallen, vom Herd nehmen, durchpassieren und zu den Kastanien geben. Gut durchmischen und dann nach und nach die Nutella-Creme unterrühren.

Amaretti zerbröseln und in eine Schale geben, mit der angewärmten Milch bedecken, umrühren und ein paar Minuten ziehen lassen. Dann unter das Kastanien-Apfel-Püree mischen und alles gut verrühren. Nacheinander die beiden Eier, die geriebene Zitronenschale, den Marsala und die Prise Salz zugeben und wieder gut vermischen. Einen Löffel probekosten: Je nachdem, wie süß die Kastanien und die Äpfel sind, dürfte kein zusätzlicher Zucker nötig sein.

Eine Springform von 24 cm Durchmesser gut einfetten und mit Mehl bestäuben, den Teig hineinfüllen und im vorgeheizten Backofen bei 180 °C in 1 Stunde backen. Den Kastanienkuchen kann man lauwarm mit Schokoladensauce oder kalt mit einem Häubchen gezuckerter Schlagsahne genießen.

Die Langhe im Herbst. Auf der gegenüberliegenden Seite eine Weinhandlung die den köstlichen Barolo führt. Die Rarität ist hier der mit Chinarinde und Gewürzen angereicherte Barolo Chinato, eine Kreation des 19. Jahrhunderts aus Serralunga d'Alba.

Piemonteser Haselnusskuchen mit Barolo-Chinato-Zabaione

Das »Aushängeschild« der Region Langhe im Piemont, wo die Hügel mit Rebstöcken und Haselnusssträuchern überzogen sind, ist ein köstlicher Haselnusskuchen. Die Kenner unter den Köchinnen hier behaupten, er sei nur echt, wenn er ohne Mehl zubereitet wird. Nutella-Creme gibt dem Kuchen und der Zabaione-Creme eine schöne haselnussbraune Farbe.

Die geschälten und gerösteten Haselnüsse in einen Mixer geben und fein mahlen. Eier aufschlagen und Eiweiß vom Eigelb trennen. In einer Schüssel mit dem elektrischen Handrührer die 4 Eigelb und 65 g Zucker zu einer schaumigen Creme schlagen. Nach und nach die fein gemahlenen Haselnüsse unterziehen. Löffelweise die Nutella-Creme dazugeben und gut verrühren. Mit dem Amaretto abschmecken.

Die 4 Eiweiß mit der Prise Salz und dem restlichen Zucker zu steifem Schnee schlagen und diesen vorsichtig unter die Ei-Nuss-Masse heben. Eine Springform von 26 cm Durchmesser einfetten, mit Mehl bestäuben und den Teig einfüllen.

Bei 180 °C in 25 Minuten backen, bis der Kuchen die satte braune Farbe von reifen Haselnüssen hat.

Die Zabaione erst kurz vor dem Servieren zubereiten: Eigelb und Zucker in einem kleinen Topf mit dickem Boden mit dem elektrischen Handrührer kräftig zu einer schaumigen Creme aufschlagen. Vorsichtig den Barolo Chinato, die Nutella-Creme und die Prise Zimt mit einem Holzlöffel unterziehen.

Den Topf in ein lauwarmes Wasserbad stellen und auf kleiner Flamme unter ständigem Rühren die Creme schaumig dick werden lassen. Die Zabaione darf nicht zum Kochen kommen, da sie sonst gerinnt. Den Haselnusskuchen aufschneiden und jedes Stück mit lauwarmer Zabaione servieren.

für **6** Personen

für den Kuchen:
200 g geschälte und geröstete Haselnüsse
80 g Zucker
100 g NUTELLA®
4 Eier
30 ml Amaretto-Likör
1 Prise Salz

für die Zabaione:
6 Eigelb
120 g Zucker
30 g NUTELLA
60 ml Barolo Chinato (starker Rotwein, versetzt mit Chinarinde und Gewürzen) oder ein anderer starker, mit Zimt und Nelken aufgekochter und abgekühlter Rotwein
1 Prise Zimt

Klassische Torten

Pavlova

für **6** Personen

250 g Schlagsahne
150 g Zucker
80 g NUTELLA®
50 g Puderzucker
3 Eiweiß
1 TL Speisestärke
1 Prise Salz

Dies ist eine klassische Baisertorte aus den Anfängen des 20. Jahrhunderts. Wie es häufig gerade bei Desserts der Fall ist, weiß man nicht genau, woher sie stammt. Benannt ist sie jedenfalls nach der berühmten russischen Ballerina Anna Pavlova (1881–1931), die zwischen 1926 und 1929 bei ihrer Tournee durch Australien und Neuseeland große Erfolge feierte. Einigen Quellen zufolge soll das Rezept für die Torte aus Neuseeland stammen. Den Namen »Pavlova« erhielt sie offenbar erst in Australien – die beiden Länder sind sich darüber aber bis heute nicht einig. In dieser Winterversion wurde das Obst durch Nutella ersetzt, damit wird die Torte gehaltvoller. Man kann sie nach Belieben mit einigen Erdbeeren und Kiwis garnieren.

Zuerst die Baisermasse vorbereiten: Eiweiß mit der Prise Salz zu festem Schnee schlagen. Dabei langsam den Streuzucker einrieseln lassen. Weiterschlagen, bis die Masse matt glänzt, dann vorsichtig den Puderzucker und mit einem Löffel die Speisestärke unterheben.

Drei Springformen oder runde Silikonformen von 20–22 cm Durchmesser mit Backpapier auslegen. Die Baisermasse in drei Teile aufteilen. Zwei davon mindestens 1,5 cm hoch in zwei der Formen füllen, dann die Oberfläche mit einer Kuchenpalette (Pfannenmesser) glatt streichen.

Unter den dritten Teil der Baisermasse vorsichtig nach und nach 50 g Nutella-Creme ziehen – die Masse darf nicht zusammenfallen in die dritte Form füllen und mit der Palette glatt streichen. Alle drei Formen in den Ofen schieben, am besten bei Umluft.

Die beiden hellen Baiserteige werden bei 120 °C in 70 Minuten, der dunklere Nutella-Teig in 90 Minuten gebacken.

In der Zwischenzeit die Sahne steif schlagen. 30 g Nutella in eine Schüssel geben und 70 g geschlagene Sahne unterheben. Die fertigen Baiserböden aus dem Ofen nehmen und auskühlen lassen. Vorsichtig aus der Form lösen und vor dem Servieren anrichten und dekorieren. Dazu einen hellen Baiserboden auf einen Kuchenteller legen und die Hälfte der weißen Schlagsahne mit dem Spritzbeutel aufbringen. Den Nutella-Baiserboden daraufsetzen und die restliche weiße Sahne aufspritzen. Mit dem anderen hellen Baiserboden bedecken und dick mit Nutella-Schlagsahne verzieren. Wahlweise noch mit Früchten dekorieren. Beim Anblick der Torte lacht das Herz des Süßspeisen-Fans! Wer möchte, kann die Torte auch ein paar Stunden im Kühlschrank kalt stellen.

Klassische Torten •

Torte à la Halima

für **6** Personen

für den Mürbeteig:
200 g Mehl
100 g Butter
100 g Zucker
1 Ei
1 Prise Salz
½ Päckchen Backpulver
4 EL Milch
abgeriebene Schale von 1 Bio-Zitrone

für die Füllung:
125 g Naturjoghurt (Vollfettstufe)
1 Ei
30 g Zucker
1 große Birne
100 g NUTELLA®

Diese Torte gehört zu den süßen Geheimnissen einer marokkanischen Dame mit dem Namen Halima. In Marokko hatte sie lange Jahre bei einer französischen Adligen gearbeitet, die selbst eine hervorragende Köchin war, und von ihr hat sie nicht nur die feine französische Küche gelernt, sondern auch eine ganze Reihe von Küchentricks und -geheimnissen, die sie gerne weitergibt.

Das Mehl zu einem Kegel auf die Arbeitsfläche sieben und in die Mitte eine Mulde drücken. Zucker, die bei Zimmertemperatur weich gewordene und in kleine Stückchen geschnittene Butter, das Ei, Milch, Backpulver, geriebene Zitronenschale und Salz hineingeben. Alles zügig zu einem glatten Teig verarbeiten. Den fertigen Teig zu einer Kugel formen, in Frischhaltefolie wickeln und 1 Stunde im Kühlschrank kalt stellen.

Mit einem mehlbestäubten Nudelholz den Teig ausrollen. Eine Springform von 24 cm Durchmesser damit auslegen und den Rand hochziehen. Nutella-Creme in einen Spritzbeutel mit Lochtülle füllen und auf dem Teig verteilen. Birne schälen, in dünne Scheiben schneiden und strahlenförmig auf der Nutella-Schicht auslegen.

Joghurt, das ganze Ei und den Zucker mit dem elektrischen Handrührer zu einer Creme verrühren und gleichmäßig über der Birnenschicht verteilen.

Den Backofen vorheizen, und die Torte bei 180 °C in ca. 40 Minuten backen. Abkühlen lassen und servieren.

Die Kombination von Birnen und Schokolade ist äußerst beliebt bei Kuchen und Desserts. Man muss kein Sternekoch sein, um mit einer der vielen möglichen Varianten bei Familie oder Gästen Eindruck zu machen.

Tiramisù

Dieser absolute Klassiker unter den italienischen Nachspeisen ist inzwischen weltbekannt . Er schmeckt hinreißend und lässt sich zudem noch schnell zubereiten. Angeblich soll eine Variante der cremigen Köstlichkeit bereits in der Renaissance existiert haben. Sicher ist jedoch, dass die Tiramisù in ihrer heutigen Form in den Sechzigern in der Region Venedig entstanden ist.

In einer großen Schüssel mit dem elektrischen Handrührer Eigelb und Zucker zu einer hellen Creme schlagen. Unter ständigem Rühren den Mascarpone löffelweise unterziehen. Eiweiß mit der Prise Salz zu festem Schnee schlagen und vorsichtig unter die Ei-Zucker-Mascarpone-Masse heben.

Amaretto (oder Marsala) zusammen mit dem lauwarmen Kaffee in ein Gefäß gießen. Die Löffelbiskuits kurz darin eintauchen und eine rechteckige oder runde Glasschüssel mit hohem Rand damit auslegen. Darüber eine fingerdicke Schicht helle Creme geben.

Nutella-Creme in einen Spritzbeutel mit Lochtülle füllen und über die helle Creme eine dünne Schicht Nutella geben. Es folgt eine zweite Lage »alkoholisierter« Löffelbiskuits und dann wieder eine Schicht helle Creme. Zum Abschluss eine dünne Schicht Nutella aufspritzen oder nur den Rand mit dunklen Nutella-Häubchen dekorieren.

Mindestens 6 Stunden im Kühlschrank kalt stellen. Noch besser schmeckt die Tiramisù, wenn man sie am Vortag zubereitet und über Nacht, mit Frischhaltefolie überzogen, im Kühlschrank ruhen lässt. Vor dem Servieren mit Kakaopulver bestäuben.

für **6** Personen

200 g Löffelbiskuits
6 Eigelb
3 Eiweiß
500 g Mascarpone
140 g NUTELLA®
100 g Zucker
250 ml starker Kaffee, am besten Espresso
100 ml Amaretto-Likör oder Marsala
(Süßwein)
1 Prise Salz
Kakaopulver

Tiramisù ist inzwischen so populär geworden, dass aus dem ursprünglichen Originalrezept eine Reihe neuer Versionen mit fantasievollen Zutaten entstanden sind. So gibt es z. B. neben der klassischen »Kastenform« köstliche Varianten im Glas.

Peach Pie

für **6** Personen

für denTeig:
180 g Mehl
80 g NUTELLA®
50 g Butter
30 g Zucker
15 g bitteres Kakaopulver
1 kleines Ei
1 Prise Salz
1 Msp. Backpulver

für die Füllung:
2 Pfirsiche
40 g Amaretti
30 g Schokoladentropfen

Was wäre Amerika ohne die berühmte Peach Pie, die selbst auf den entlegensten Farmen der Rockies vormittags dem Besucher zu einer großen Tasse dampfendem Kaffee gereicht wurde! Heute findet man die Peach Pie überall – in Cafés wie in den Restaurants an den Staatsstraßen durch den Mittleren Westen. Ein Stück Nutella-Pfirsich-Pie passt ganz hervorragend zu einer Tasse Cappuccino und eignet sich genauso als Nachtisch.

Zuerst den Teig vorbereiten: Mehl, die weiche Butter, Kakaopulver, Zucker, Ei, Nutella-Creme, die Prise Salz und das Backpulver in einem Mixer oder mit dem elektrischen Handrührer kurz durchrühren, bis alle Zutaten vermischt sind.

Teig zu einer Kugel formen und in zwei Teile teilen: Zwei Drittel des Teigs sind für den Kuchenboden und ein Drittel ist für die »Deckplatte«.

Eine Pieform von etwa 20 cm Durchmesser (am besten in Metall mit herausnehmbarem Boden) ausfetten und mit Mehl bestäuben. Das größere Teigstück ausrollen und Boden und Rand ca. 2 cm hoch damit auslegen.

Die Amaretti auf der Arbeitsplatte mit einem Fleischklopfer oder einem Nudelholz zerkleinern. 2 gehäufte EL der Brösel zur Seite geben; den Rest über den Kuchenboden streuen, damit er nicht von der Obstfüllung durchtränkt wird.

Pfirsiche häuten, in Scheiben schneiden und auf die Amaretti-Schicht geben. Die restlichen Amaretti-Brösel und die Schokoladentropfen darüber verteilen. Das übrige Teigdrittel rund ausrollen und die Füllung damit perfekt abdecken, ringsherum sorgfältig am Rand andrücken. In die Mitte des Teigdeckels ein kleines Loch schneiden, damit beim Backen die Feuchtigkeit austreten kann.

Im vorgeheizten Ofen bei 170 °C in 45–50 Minuten backen. Nun die fertige Peach Pie abkühlen lassen, erst dann aus der Form nehmen. Man kann sie sowohl lauwarm als auch kalt servieren. Statt mit frischen Pfirsichen kann man die Pie auch mit 200 g gut abgetropften Dosenpfirsichen belegen.

Tarte Tatin mit Birnen

für **4 – 6** Personen

für den Teig:
140 g Mehl
45 g Zucker
35 g Maiskeimöl
20 g NUTELLA®
1 Eigelb
abgeriebene Schale von ½ Bio-Zitrone
1 Prise Salz
1 TL Zitronensaft

für die Füllung:
400 g geschälte und entkernte Birnen
15 g Butter
20 g Zucker
½ TL Zimt

Den Schwestern Tatin aus Orléans sei ewig Dank für ihr Versehen! Wenn die ganze Welt, in der es so oft drunter und drüber geht, genauso süß wäre wie diese auf dem Kopf stehende Torte, wäre sie wahrscheinlich viel besser! Bei diesem Rezept wurde der Teig mit Öl statt mit Butter angerührt, um ihn etwas leichter zu machen. Und seine ungewöhnliche Farbe erhält er durch einen Klecks Nutella. Natürlich kann man statt der Birnen auch die klassischen Äpfel verwenden. Am besten schmeckt die Tarte noch lauwarm mit einem Löffel nicht ganz steif geschlagener Sahne.

Mehl zusammen mit dem Zucker zu einem Kegel auf die Arbeitsfläche oder in eine große Schüssel sieben. In die Mitte eine Mulde drücken und das Öl hineingießen. Mit den Händen zu einer bröseligen Masse verkneten. Eigelb, Salz, geriebene Zitronenschale, Zitronensaft und Nutella-Creme zugeben und alles zusammen zügig zu einem glatten Teig verkneten. Den Teig zu einer Kugel rollen, in Frischhaltefolie einschlagen und 1 Stunde im Kühlschrank ruhen lassen.

In der Zwischenzeit die Birnen schälen, vierteln und das Kerngehäuse entfernen. Auf dem Herd (nicht Induktion, beim Gasherd eine hitzedämmende Platte über die Flamme legen) die Butter in einer runden Auflaufform aus Jenaer Glas oder Pyrex (Durchmesser 20 – 22 cm) zum Schmelzen bringen. Zucker dazugeben und unter ständigem Rühren mit einem Holzlöffel auf kleiner Flamme karamellisieren lassen. Wenn der Zucker goldbraun geschmolzen ist, vom Herd nehmen und die Birnenscheiben speichenförmig und leicht überlappend in der Form anordnen.

Die Auflaufform wieder auf den Herd stellen und die Birnenscheiben 10 Minuten karamellisieren lassen, dabei einmal wenden. Kurz abkühlen lassen und mit dem Zimt bestäuben.

Den Teig auf einer mit Mehl bestäubten Arbeitsfläche mit dem ebenfalls leicht eingemehlten Nudelholz auf etwa 1 cm Dicke rund ausrollen. Teig dann über die Birnen legen und ringsherum am Rand gut andrücken.

Bei 180 °C in 30 Minuten backen, bis sich der Mürbeteig leicht goldbraun färbt. Gut 10 Minuten abkühlen lassen und dann die Tarte Tatin auf eine dekorative Kuchenplatte stürzen.

Die Zutaten für die Rezepte der
verschiedenen Starköche
werden in Maßeinheiten angegeben,
wie sie von den Meistern
selbst verwendet wurden.

Nutella.
Rezepte
der
Starköche

- Lidia Alciati, Luca Zecchin
- Riccardo Agostini
- Raffaele Balzano, Rosa Visciano
- Massimo Bottura
- Moreno Cedroni
- Enrico und Roberto Cerea
- Sergio Colalucci
- Salvatore De Riso
- Gennaro Esposito, Vittoria Aiello
- Gino Fabbri
- Guido Martinetti, Federico Grom

- Iginio Massari
- Davide Palluda
- Marco Parizzi
- Mauro Petrini
- Giovanni Pina
- Nicola und Pierluigi Portinari
- Roberto Rinaldini
- Niko Romito
- Alfredo Russo
- Paolo Sacchetti
- Vittorio Santoro
- Barbara und Davide Scabin
- Emanuele Scarello
- Mauro Uliassi
- Andrea Zanin

LIDIA ALCIATI
LUCA ZECCHIN

Erfahrene Hände und junge Augen

Relais San Maurizio
Guido da Costigliole

Santo Stefano Belbo (Cuneo)

Fünfzig Jahre trennen die beiden – sie, Jahrgang 1930, er, Jahrgang 1980 –, aber es verbindet sie eine gemeinsame Leidenschaft. Sie hat die Hände einer erfahrenen Großmutter, die noch die alten heimischen Gerichte aus den Langhe und dem Montferrat zu kochen versteht. Er besitzt die flinken Augen eines jungen Mannes, die Neues schnell auffassen. Zusammen leiten sie die Küche im Nobel-Restaurant *Guido da Costigliole*. Lidia Alciati ist die Veteranin und Luca Zecchin der jüngste unter den italienischen Sterneköchen, die zu diesem Buch beigetragen haben.

Die beiden eröffnen zu Recht unsere kulinarische Nutella-Reise mit einer Sammlung von Rezepten italienischer Starköche, denn sie stehen stellvertretend für Guido Alciati, einen der größten italienischen Küchenmeister, der im Jahr 1961 zusammen mit seiner Frau Lidia Vanzino im Städtchen Costigliole d'Asti das Restaurant eröffnete, das die Essgewohnheiten der Region für immer verändern sollte. Dieser gemütliche Salon in einem Neubau war das erste Restaurant, in dem man vorbestellen musste, wo der Weinkeller eine Sammlung von 50 000 Flaschen aus aller Welt umfasste.

Ihre drei Söhne lernten das Metier im Restaurant und in der Küche von der Pike auf und geben heute die Erinnerung an ihren 1997 früh verstorbenen Vater Guido weiter: Piero, Ugo und Andrea. Die ersten beiden arbeiten heute als Sommelier und als Küchenchef im Restaurant *Guido* in Pollenzo (Bra), südlich von Turin, wo sich auch die Fachhochschule für Gastronomie befindet. Der dritte ist bei der Mutter geblieben, die auch heute ihr Reich, die Küche, noch nicht verlassen will – im Restaurant *Guido da Costigliole* in Santo Stefano Belbo, ein paar Hügel weiter in Richtung Alba. Dorthin zog man 2001 in das *Relais San Maurizio* um.

Lidia steht für die Tradition, die sie immer wieder modernisiert hat: »Mein Vitello tonnato war Anfang der Achtziger dank der neuen Kochtechniken das erste Vitello tonnato rosé überhaupt.« Luca dagegen ist der innovative, moderne Geist, der sich in genialen Kreationen ausdrückt: »Ich bin 2002 mit 21 Jahren ins *Costigliole* gekommen, und von der Familie Alciati habe ich gelernt, wie wichtig es ist, bei den Zutaten auf allerbeste Qualität zu achten, insbesondere bei den heimischen Gerichten.«

Lidias Leben ist die Küche: »Das war 45 Jahre lang so in Costigliole und ist jetzt seit fünf Jahren in Santo Stefano Belbo genauso. Wenn ich daran denke, wie oft ich für meine Gäste Zabaione gemacht habe. Sie kamen extra wegen der Zabaione zu uns!« Luca: »Beim Kochen bin ich so begeistert, dass ich gar nicht merke, wenn ich müde werde. Sobald ich einen Tag frei habe – und das mache ich auch jetzt noch, obwohl ich inzwischen Chef von sieben Köchen und Helfern bin –, gehe ich in andere Lokale und probiere die Spezialitäten meiner Kollegen aus.« Lidia und Luca stellen hier zwei Nutella-Gerichte vor – jeder sein eigenes.

➤➤Lidia: Ah, Nutella: Die Herrschaften Maria Franca und Michele Ferrero kamen immer zu uns nach Costigliole zum Essen und brachten uns Nutella mit! Was haben sich Piero, Ugo und Andrea jedes Mal gefreut! Luca: Bei uns zu Hause stand sie immer rum, sie gehörte zu meinem Frühstück, als ich klein war. Und selbst heute noch suche ich nach der Arbeit vor dem Schlafengehen nach dem Nutella-Glas.➤➤

Lidia Alciati
Luca Zecchin

Lidias Agnolotti alla Nutella

Lidia: »Wir im Monferrat nennen sie agnolòt ... Nachdem sich ein bekannter Gastronomiekritiker lobend über Agnolotti mit Schokolade äußerte, dachte ich mir, ich könnte sie ja mal mit Nutella probieren. Der einzige ›Trick‹ dabei ist, dass man die Nuss-Nugat-Creme vorher in den Kühlschrank stellen muss.«

für 4–6 Personen

für den Nudelteig:
250 g Mehl
6 Eigelb
400–500 ml kaltes Wasser
NUTELLA®

für die Orangencreme:
4 Bio-Orangen
200 g Zucker

Die Nutella-Creme in den Kühlschrank stellen, damit sie fest wird. Dann den Nudelteig zubereiten.

Den Teig zu einer ca. 2 mm dünnen, rechteckigen Platte ausrollen. Die Nutella-Creme aus dem Kühlschrank nehmen. Auf der Hälfte des Teigs haselnussgroße Nutella-Häufchen verteilen mit 3 cm Abstand zum Rand und untereinander. Um die Füllmasse herum mit Eigelb bestreichen. Die andere Teighälfte genau darüberschlagen und um die Füllungen herum leicht andrücken. Mit einem Teigrädchen die Agnolotti voneinander trennen, dabei werden die Ränder verschlossen.

Die fertigen Agnolotti auf ein Tablett setzen und mit einem bemehlten Küchentuch abdecken. Im Kühlschrank etwa 1 Stunde kalt stellen.

Inzwischen die Creme zubereiten: Orangen auspressen und den Orangensaft zusammen mit dem Zucker in einen Topf füllen. Die Orangenschalen fein abreiben und dazugeben. Alles kochen, bis die Masse karamellisiert.
Nun die Agnolotti aus dem Kühlschrank nehmen und 90 Sekunden in nicht zu stark gesalzenem Wasser kochen. In einem Sieb abtropfen lassen und kurz mit der Orangencreme und einem etwa walnussgroßen Stück Butter in der Pfanne sautieren.

Kürbis-Risotto mit Nutella

Luca: »Ein Gericht aus einem für die hiesige Region typischen

Risotto mit einer einfachen und wohlschmeckenden Zutat: Kürbis.

In der Mitte ein kleiner Klecks Nutella, der gut zum süßsalzigen

Geschmack des Risottos passt.«

für **4** Personen

400 g Carnaroli-Reis oder anderer Risottoreis
200 g Kürbis
100 g Butter
70 g Parmigiano Reggiano
100 ml Dessertwein (Trockenbeerenauslese)
15 g gehackte Zwiebeln
1 Schalotte
40 g NUTELLA®

Zwiebeln in etwas Butter andünsten, den in Würfeln geschnittenen Kürbis dazugeben und kurz durchrösten. 1 EL Wasser dazugeben und auf kleiner Flamme zugedeckt köcheln lassen. Wenn der Kürbis weich wird, vom Feuer nehmen und pürieren.

In einem Topf die Schalotte in Butter anbräunen, den Reis dazugeben und bei mittlerer Temperatur 3–4 Minuten rösten, mit dem Dessertwein ablöschen, 2 Schöpflöffel Salzwasser dazugeben und den Reis köcheln lassen. Immer wieder umrühren und dabei Wasser zugeben, wenn der Reis trocken wird. Kurz bevor der Reis gar ist, das Kürbispüree unterziehen. Kurz aufkochen, bis das überschüssige Wasser verdampft ist. Zum Schluss Butter und Parmesan unterziehen.

Den fertigen Risotto auf flache Teller füllen, glatt streichen und in die Mitte je 1 TL Nutella (ca. 10 g) setzen. Heiß servieren.

RICCARDO AGOSTINI

Solist ohne Grenzen

Il Piastrino

Pennabilli (Pesaro/Urbino)

Nachdem er neun Jahre lang in der Küche in Baschi bei Starkoch Gianfranco Vissani gelernt hatte, galt Riccardo Agostini als der vielversprechendste unter den jungen italienischen Nachwuchsköchen. Mit den typischen touristischen Gerichten, tiefgefrorenem Fisch, Spießen oder Schnitzeln, wollte er nie etwas zu tun haben.

Riccardo Agostini ist mit seinen knapp 35 Jahren ein echter Vertreter seiner Heimat, der Romagna, ganz ähnlich wie Giovanni Pascoli, Federico Fellini oder Arrigo Sacchi: Die jugendliche Selbstsicherheit ist kein Manko, sie stützt ihn, gerade jetzt, da er in der Küche sein eigener Herr ist. Innovativ und dennoch gebunden an die festen Regeln der Schule Vissanis, der verschiedene Geschmacksrichtungen so zu kombinieren wusste, dass er jede einzelne dabei noch mehr zur Geltung brachte. Riccardo Agostini hat erst vor Kurzem die *Osteria del Povero Diavolo* in Torriana im Hinterland von Rimini, wo ich ihn kennen- und schätzen gelernt habe, verlassen, um nicht weit davon entfernt in Pennabilli im Montefeltro, seiner Heimat, ein neues Lokal zu eröffnen. Weil, wie mir Riccardo erklärt, »Kochen eine Form des Selbstausdrucks ist und ich das alleine umsetzen will«.

Mit seinen Fähigkeiten beweist er aber auch, welch guter Lehrmeister Vissani war, auch wenn dieser kein ganzes Heer an Schülern herangezogen hat wie etwa Gualtiero Marchesi. Riccardo kam 1994 zu ihm und blieb lange dort – nach ersten Erfahrungen an der adriatischen Küste und in San Marino in der *Taverna Righi*. »Die Zusammenarbeit mit ihm hat meine Persönlichkeit geformt. Am Anfang war es regelrecht traumatisch: Man fängt auf der untersten Stufe an; irgendwann wurde ich dann sein Stellvertreter und habe erst da begriffen, wie man ein Gericht wirklich kreiert. Das ist wie im Theater: Man arbeitet an einer Premiere, ist aber alles vorher nur im Kopf durchgegangen. Alles fängt bei einer Zutat an, bei einer Idee ... man hat geistig schon den Geschmack im Mund.«

Das mag wohl der Grund sein, warum er in seiner Küche mit gewagten süß-salzigen Kompositionen spielt – aber immer nur mit allerbesten Zutaten wie beispielsweise in seinem berühmten Fruchtsalat an Makrelenthunfisch mit Korianderöl.

Riccardo Agostini meint dazu: »Ich glaube, dass die Gäste keine Angst vor einer innovativen Küche haben, wenn man wie ich traditionelle Produkte verwendet. Andererseits ist es gerade hier in der Region Romagna schwierig, eine hochwertige Küche anzubieten – die Leute sind meist etwas abgeschreckt von den Preisen. Aber ich fühle mich stark mit dieser Gegend verbunden. Als Küchenchef möchte ich alleine bleiben, um mich ohne Einschränkung weiterentwickeln zu können. Mein Credo sind einfache, aber schmackhafte Gerichte.« Seine Leidenschaft für das Konditorhandwerk hat er schon am Anfang seiner Karriere entdeckt. Er bezeichnet es allerdings als eine »exakte Kunst« im Gegensatz zu den spannenden spontanen Improvisationen, die sich ein Küchenchef leisten kann.

»Nutella ist das Leckerste, was es überhaupt gibt. Es erinnert mich an meine Kindheit: Es gab keine Brotzeit ohne die Creme. Mit Nutella zu kochen macht Spaß – das habe ich schon mit meinen Freunden ausprobiert. Und wir haben alle herzlich gelacht, als ein Kind irgendwann nicht mehr widerstehen konnte und mit dem Finger mitten in meinen Teller langte!«

Riccardo Agostini

Hirschmedallion mit einem Herz aus Foie gras und Nutella

»Ich habe mich vom klassischen Wellington-Filet inspirieren lassen, wobei ich in meiner Version für die Hülle Kataifi genommen habe, was sie besonders knusprig macht. Interessant ist auch die Kombination von Foie gras und Nutella.«

für **4** Personen

500 g Hirschfilet
300 g Foie gras (Stopfleber)
130 g NUTELLA®
100 g Kataifi
40 g Frühstücksspeck
100 g Schlagsahne
Olivenöl Extra Vergine
Salz
schwarzer Pfeffer
Gemüsebrühe

Kataifi sind Teigfäden, die man in griechischen oder türkischen Geschäften fertig kaufen kann. Man kennt sie von der berühmten Süßspeise Baclava.

Das Hirschfilet von Sehnen und Fett befreien, dann in 4 etwa 110 g schwere Medallions schneiden. Die Stopfleber in 4 Scheiben von ca. 70 g schneiden. Eine davon pürieren und 30 g Nutella unter das Foie-gras-Püree ziehen. Gut verrühren; mit Salz und Pfeffer abschmecken.
Die Hirschnüsschen seitlich einschneiden und mit einem Spritzbeutel die Farce aus Foie gras und Nutella hineindrücken. Seitlich mit einer dünnen Scheibe Frühstücksspeck abdecken und mit Küchenfaden festbinden, damit die Nüsschenform erhalten bleibt.

Kurz in der Pfanne mit einem Tropfen Öl anbraten, um das Fleisch von außen zu versiegeln; salzen und pfeffern. Aus der Bratpfanne nehmen, den Küchenfaden entfernen, rundherum mit Kataifi umwickeln und in einem flachen Bräter ungefähr 6 Minuten bei 210°C im Ofen braten. Danach 2–3 Minuten ruhen lassen, damit sich der Bratensaft im Fleisch setzt.

In die inzwischen entfettete Bratpfanne eine kleine Menge der Farce aus Foie gras und Nutella geben und mit etwas Gemüsebrühe verdünnen. Alle Zutaten gut verrühren, bis man eine cremige Soße erhält.
Die übrige Nutella vorsichtig unter die steif geschlagene Sahne ziehen und mit Salz und Pfeffer abschmecken.
In einer Pfanne die restlichen Stopfleberschnitten ohne Fett braten, dabei von beiden Seiten anbräunen, salzen und pfeffern.

Zum Anrichten das Hirschmedallion mit Nutella auf einen Teller setzen und daneben die Stopfleberschnitte. Mit einem Klößchen Nutella-Schaum dekorieren. Zum Abschluss mit der Bratensoße besprenkeln.

RAFFAELE BALZANO
ROSA VISCIANO

Feinschmeckertipp:
Neapel trifft Genua

La bitta nella pergola

Genua

Wie lassen sich ligurische Spezialitäten mit neapolitanischer Mentalität verbinden? »Man muss das Herz in Neapel haben und hier jeden Tag zum Markt einkaufen gehen, bevor man seinen Herd einschaltet.« Diese Erklärung lag zugegebenermaßen auf der Hand, aber Rosa und Raffaele Balzano, die mich in ihrem Restaurant unweit des Messegeländes von Genua willkommen heißen, erzählen das mit so viel Wärme und Leidenschaft, dass ein paar kurze Einführungsworte gar nicht ausreichen, um diese mediterrane Mischung aus genuesischer Strenge und neapolitanischer Überschwenglichkeit zu beschreiben, die in ihrem Lokal herrscht. In dem gemütlichen, holzvertäfelten Restaurant mit dem »lauschigen« Namen *La bitta nella pergola* vergisst der Gast seine Sorgen und lässt sich vom Sohn des Hauses, seines Zeichens Sommelier, verwöhnen.

Rosa Visciano hat das Gastgewerbe bereits in die Wiege gelegt bekommen: Schon ihre Mutter führte in den Sechzigern eine echt italienische Trattoria mitten in Neapel. Eines Tages trifft Rosa auf Raffaele, auch er noch blutjung. Sie heiraten sofort, und sie wartet etliche Jahre zu Hause auf ihn, während er auf Kreuzfahrtschiffen als Küchenchef arbeitet. Bilder dieser Ozeanriesen zieren heute noch den Eingang des Lokals: *Michelangelo*, *Raffaello*, *Cristoforo Colombo*, *Leonardo da Vinci*.

Von 1961 bis 1973 fährt Raffaele zur See und schuftet in den Schiffsküchen, während Rosa alleine zu Hause sitzt und ihre fünf Kinder aufzieht. Eines Tages wird es ihr zu viel, und sie überredet Raffaele, wieder Anker zu werfen. Wo? In einer Stadt am Meer natürlich, aber im Norden. Und so entstand 1978 in Genua ihr erstes kleines Restaurant, und natürlich hieß es *La Bella Napoli*. Diese Art von Gastronomie wurde ihnen jedoch bald zu eng. Sie waren bereit für den großen Sprung, der dann 1990 mit dem *Bitta* kam. Drei Jahre später erhielten sie den ersten Stern; heute sind sie die erste Adresse in ganz Genua.

Liebe und Leidenschaft – das ist ihr Geheimnis. Eigentlich auch ganz klar. Selbst der beliebte italienische Journalist und Fernsehmoderator Maurizio Costanzo widmete ihnen einen Zeitungsartikel. Inzwischen sind die beiden Neapolitaner zu echten Genuesern geworden: »Wir können nie an einem Punkt stehen bleiben, wir wollen uns ständig verbessern, und das Meer liefert uns die Inspiration für unsere Gerichte.«

Rosa ist die unbestrittene Herrscherin in der Küche, Raffaele kümmert sich mehr um den Betrieb im Restaurant und um das Wohlergehen seiner Gäste. Ab und zu setzt er jedoch seine Kochmütze wieder auf. Seine Leidenschaft sind nämlich Süßspeisen, ganz besonders intensiv widmet er sich der Herstellung von Schokolade und Pralinen. Er kann die tollsten Desserts und Pralinés per Hand herstellen, ganz ohne Zuhilfenahme von Maschinen, was ihm schon den Neid anderer Kollegen einbrachte. »Mein Geheimnis? Das verrate ich nicht!« Wie gut, dass er uns aber das folgende Rezept verraten hat.

»Als wir klein waren, gab es noch die LKW der Firma Ferrero mit dem Werbeslogan ›Ich war die Erste und bleibe die Beste‹. Was haben wir uns Kinder gefreut, wenn der Wagen kam! Jetzt war es Zeit für einen köstlichen Aufstrich. Mit dicken Scheiben Brot in der Hand rannten wir zum Lebensmittelhändler, und er gab uns für 5 Lire Nuss-Nugat-Creme ...«

Raffaele Balzano
Rosa Visciano

Crème bavaroise mit Nutella, Klementinensirup und Nussringen

»Dieser Nachtisch ist die gelungene Kombination aus einem klassischen Dessert wie der Crème bavaroise, frischem Klementinenaroma und dem knusprigen, würzigen Haselnussgeschmack der Blätterteigringe, die unsere Hommage ans Piemont darstellen.«

für **4** Personen

100 g Milchschokolade
100 g NUTELLA®
30 g Wasser
150 g Schlagsahne

für den Klementinensirup:
¼ l Klementinensaft
150 g Zucker
100 g Sahne

für die Haselnuss-Ringe:
50 g Eiweiß
50 g Puderzucker
90 g Haselnussmehl
40 g zerlassene Butter
50 g geröstete Haselnüsse

Wasser erhitzen und über die Milchschokolade gießen. Warten, bis die Schokolade geschmolzen ist und Nutella unterziehen. Alles vorsichtig bei 29–31°C verrühren und gut abkühlen lassen.

Sahne steif schlagen und vorsichtig unter die Masse heben. Vier kleine Rundformen nehmen und mit angefeuchteten Backpapierstreifen auslegen. Das ist ein kleines Geheimnis, das wir Ihnen verraten, damit das Rezept besser gelingt! Die Mischung dann in die Rundförmchen füllen und ca. 3 Stunden im Gefrierfach erkalten lassen.

Jetzt den Klementinensirup zubereiten: Klementinensaft zusammen mit dem Zucker auf mittlerer Flamme ca. 15 Minuten kochen. Abkühlen lassen und die leicht geschlagene Sahne unterrühren.

Für den Haselnussblätterteig die Haselnüsse rösten und grob mahlen. Eiweiß mit dem Zucker zu leichtem Schnee schlagen und das Haselnussmehl unterziehen. Zum Schluss die zerlassene Butter unterrühren.

Aus dieser Masse einen Streifen formen, auf ein Backblech mit Antihaftbeschichtung legen und bei 160°C in 15 Minuten backen. Vorsichtig mit einer Kuchenpalette ablösen, nicht abkühlen lassen, sondern noch warm um ein Nudelholz wickeln – das ergibt die Ringform.

Zum Schluss den Dessertteller anrichten: Eine dünne Schicht Klementinensirup auf dem Teller verteilen, die Crème Bavaroise in die Mitte setzen und mit den Haselnussringen und ein paar gehackten Haselnüssen dekorieren.

MASSIMO BOTTURA

Ein wahrer Gedächtniskünstler

Osteria La Francescana

Modena

»Plötzlich kam mir die Erinnerung wieder. Der Geruch war der von einem in Lindenblütentee getauchten Stück Madeleine, das mir Tante Léonie sonntagvormittags in Combray immer anbot.« So beschreibt Marcel Proust in seinem Buch *Auf der Suche nach der verlorenen Zeit* die Rückkehr in ein Haus, in dem er häufig seine Ferien verbrachte und wo er einen dieser muschelförmigen Kekse aß.

Wenn man in der *Osteria La Francescana* die Fischsuppe probiert, steigen Erinnerungen an eine mediterrane Bouillabaisse auf.

Eine minimalistische Küche? Nein, ein Gedächtniskünstler, der mit den Erinnerungen an ein Gericht zu spielen weiß und der sie so konzentriert, dass man sie immer wieder auf der Zunge zu spüren meint oder riecht – ähnlich wie bei den Madeleines in Prousts Roman. Massimo Bottura, Küchenchef und Eigentümer dieses Top-Lokals sieht das dann so: »Eine wahre Explosion von Erinnerungen im Mund; wenn man eine Ravioli zu sich nimmt, ist plötzlich das Aroma von Fischsuppe da, von einer Steinbuttbrühe, die durch ein Tomaten-Confit perfektioniert wird.« Wichtig ist, immer wieder für neue Überraschungen zu sorgen, mit schmackhaften Gerichten und erstklassigen, naturbelassenen Zutaten. So wie der in einem kleinen Löffel servierte Würfel aus bestem, lange gereiftem Parmesan, der im *Francescana* vor dem Dessert gereicht wird, und plötzlich versteht man dann, warum Käse der beste Nachtisch ist. Salzig und süß, heiß und kalt – Resultate und Reminiszenzen befreundeter Kollegen. Massimo Bottura plant und entwirft seine Kreationen wie ein Architekt, angefangen bei einer Mortadella, einem Kabeljau, dem Knochen eines luftgetrockneten Schinkens.

Er schöpft aus den Erinnerungen an eine der berühmten Köchinnen der Region Emilia, die ihre gebratenen Gnocchi mit Liebe zubereitete – genauer gesagt an Lidia Cristoni, die 1987 in der zwischen Modena und Nonantola gelegenen *Trattoria del Campazzo* kochte. Sie war es, die ihn als jungen Mann Anfang zwanzig, der plötzlich seine Leidenschaft für die Küche entdeckt hatte, in die Kochkunst einwies. In Campazzo verbrachte er seine ersten Jahre als Koch, bis ihn Alain Ducasse 1992 »entdeckte«.

Im berühmten *Le Cirque* in New York traf er dann auf Sylvain Portay – und auf Lara, eine Kunstkritikern, die seine Frau wurde. Die dritte wichtige Begegnung fand 1999 statt, drei Jahre nachdem er das *Francescana* in der Altstadt Modenas eröffnet hatte, und zwar mit dem berühmten spanischen Koch Ferran Adrià.

Für Massimo Bottura ist Kochen mehr eine Frage der Philosophie als der Technik, denn seiner Meinung nach muss die Seele ihren Ausdruck in der Kochkunst finden, damit aus Träumen »keine Schäume, sondern wohlschmeckende Gerichte werden«. Ab 2000 regnete es Sterne, Hauben und Auszeichnungen. Bottura mit seinem stets wachen, neugierigen Blick hat sich nicht verändert. »Ich rede nicht gerne, das mache ich nur mit meinen Gerichten.«

>> Nutella drauf war unsere Energiereserve. Nach einem anstrengenden Abend im Restaurant stecke ich immer noch gerne meine Grissini ins Nutella-Glas. <<

Massimo Bottura

Nutella und Brot

»Ausgangspunkt für dieses Gericht ist die Haselnuss, und daher fängt man mit der Zubereitung eines »Haselnusswassers« an. Daraus entsteht dann eine gewürzte Brotsuppe. Jetzt ist der Moment für die Nutella-Creme gekommen: Mit dem Haselnusswasser wird sie zu einer »Suppe« verdünnt und im Gefrierfach kalt gestellt.«

für **6** Personen

100 g NUTELLA®
100 g Haselnusswasser
1 Prise Gelatinepulver

für das Haselnusswasser:
500 g geröstete Haselnüsse
100 g Zucker
500 g stilles Mineralwasser

2 g Reinlezithin (zu beziehen per Internet)
1 Scheibe Weißbrot

Haselnüsse zusammen mit dem Zucker in einen Mixer geben und durchmixen. Das Mineralwasser hinzufügen und nochmals mixen. Zwei Tage stehen lassen, danach durch einen Filter gießen.

Nutella mit den 100 g Haselnusswasser mixen und in kleine Ravioli-Förmchen aus Kunststoff füllen. Bei −20°C einfrieren.

Einem kleinen Teil des Haselnusswassers die Gelatine zugeben und aufkochen. Vom Feuer nehmen. Wenn die Flüssigkeit auf 50 °C abgekühlt ist, die kleinen, tiefgefrorenen Nutella-»Ravioli« hineintauchen und etwas antauen lassen.

Eine Scheibe Weißbrot toasten und mit einem Tropfen Haselnusswasser im Mixer zerkleinern.

In Martini-Gläsern anrichten: zuerst die Weißbrotbrösel einfüllen, dann mit Haselnusswasser aufgießen, die Nutella-Ravioli darübergeben und das Ganze mit einem Haselnussschaumhäubchen aus einer Prise Lezithin, verschlagen mit Haselnusswasser, dekorieren. Sofort servieren oder kalt stellen.

MORENO CEDRONI

Adrenalinkick
bei Meeresbrise

**Ristorante Madonnina
del Pescatore**
Senigallia (Ancona)

Il clandestino suscibar
Portonovo (Ancona)

Anikò salumeria ittica
Senigallia (Ancona)

Wer ist Moreno Cedroni, der Küchenchef im eleganten Restaurant vor der blauen Madonnenstatue an der Strandpromenade von Marzocca, die treibende Kraft hinter dem informell klingenden *Il clandestino suscibar* in Portonovo bei Ancona? Der Chef im *Anikò*, einem noblen Straßenrestaurant auf der Piazza Saffi in Senigallia, das wie ein großer Kiosk mit viel Teak und Stahl auf edel und modern getrimmt ist und das er witzigerweise als »Salumeria« (Wurstwarengeschäft) bezeichnet, obwohl es die besten Fischspezialitäten anbietet?

Moreno schaut einen an mit seinen stahlblauen Augen, die an die Farbe der Adria erinnern – die rebellischen Locken von einem Stirnband gezähmt und wie gewohnt die bunte Schürze umgebunden, die gleichsam die Vielfalt seiner umgesetzten Ideen widerspiegelt – und zeigt ein rätselhaftes Lächeln: »Adrenalin – ohne Adrenalinstoß kann ich nicht arbeiten! Wo bleibt der Hauptgang.« In der Küche wirbelt seine Mannschaft herum – er weiß, dass er gerade in der Hektik zur Höchstform aufläuft. »Ein neues Gericht muss her!«, er weiß, dass er dann seine ganzen Energien zu einem neuen Höhenflug sammeln kann.

Wer ist Moreno Cedroni? Einer der gerne zum Fischfang auszieht, den Adrenalinkick findet, wenn er mit neuen, einzigartigen Fischkreationen punktet, einer, der das Meer genauso liebt wie seinen Beruf?

Wer ist Moreno Cedroni? Er ist kein Küchenchef, wie man sie normalerweise kennt. Wenn man den Seeteufel auch anders aufschneiden kann, wird er eben zu einem Kotelett, und es lässt sich daraus vielleicht ein neues Gericht für das Restaurant zaubern.

Alles begann am 24. April 1984 mit einer Vorspeise aus Meeresschnecken in einem kleinen Strandrestaurant, das er zusammen mit einem Partner übernommen hatte.

Dann 1987 der Impuls, alleine weiterzumachen, die Begegnung mit seiner Frau, »einer total süßen Kellnerin«, die im Sommer jobbte, eine internationale Ausbildung und die durchschlagende Erfahrung mit dem spanischen Kochgenie, dem Katalanen Ferran Adrià, der ihm seine Wertschätzung ein paar Jahre später mit der Bemerkung zurückgibt, bei Cedroni die beste Pasta seines Lebens gegessen zu haben.

Wer ist Moreno Cedroni? »Manch einer denkt vielleicht, dass hinter meinen ironischen Kreationen nur Spielerei steckt. Aber ich glaube, dass mehr dahinter ist, ein echtes Projekt.«

Er hat das Sushi – auf Italienisch – neu erfunden, noch lange bevor es in Mode kam, und dabei den rohen Fisch in seiner Eigenart gewürdigt, hat geräucherte Fischspezialitäten kreiert, Konserven mit duftendem Thunfisch von unerreichter Qualität, Nachspeisen mit Gianduja und Mozzarella. Und immer mit dem gewohnten Stirnband, der bunten Schürze, dem neugierigstechenden Blick und dem leisen, ironischen Lächeln auf den Lippen. Ein Künstler mit dem Präzisionsanspruch eines Ingenieurs. Ja, wer ist nun dieser Moreno Cedroni?

»»Nutella ist ein Stück unserer Kindheit. Meine Tochter ist ganz wild darauf, meine Frau schleckt auch ab und zu davon, der Löffel hat einfach eine magische Anziehungskraft.««

Moreno Cedroni

Pizza mit Nutella, grobem Salz, Seeigel und Klementinenöl

»Anfangs boten wir in meinem Lokal auch Pizza an. Die habe ich dann aber von der Karte gestrichen, ebenso wie den gemischten Fischteller oder die gemischte Grillplatte.

für **20** Personen

für 20 kleine Pizzen von je 50 g:
500 g Mehl
250 g lauwarmes Wasser
15 g Olivenöl Extra Vergine
12 g Zucker
12 g Salz
22 g frische Hefe

für den Pizzabelag (pro Pizza):
50 g NUTELLA®
1 Seeigel (das Fleisch)
1 Prise grobkörniges Meersalz
15 g italienisches Klementinenöl

Mehl in eine Schüssel sieben und mit dem Salz mischen. Den Zucker mit der Hefe im lauwarmen Wasser auflösen und zum Mehl geben. Das Olivenöl dazugeben und entweder mit der Küchenmaschine oder mit den Händen zu einem glatten, geschmeidigen Teig kneten. Den Teig auf ein bemehltes Backblech legen und an einem warmen Ort 30 Minuten gehen lassen.

Den Pizzateig mit dem Nudelholz flach drücken und in 20 Portionen teilen. Jede davon auf eine Dicke von 5 mm ziehen und kleine Pizzen von 10 cm Durchmesser formen. Die kleinen Böden dann noch ca. 15 Minuten gehen lassen, kleine Löcher hineinstechen und bei 200°C in 10 Minuten backen, bis sie leicht goldbraun sind.

Jede Pizza dann in der Mitte quer aufschneiden, mit 2 EL Nutella füllen, in die Mitte das Fleisch eines Seeigels geben und wieder zuklappen. Die Oberseiten der Pizzen mit italienischem Klementinenöl beträufeln und ein paar Körner grobes Meersalz darüberstreuen.

ENRICO UND ROBERTO CEREA

Gastfreundschaft im Blut

Da Vittorio

Brusaporto (Bergamo)

E r wäre glücklich, wenn er wüsste, wie sehr das vor den Toren Bergamos in einem der Grand Chef Relais & Châteaux-Hotels gelegene Restaurant in seinem Sinne kocht. Vittorio Cerea, in einer Herbstnacht im Jahr 2005 plötzlich verstorben, hinterließ fünf Söhne, die den Namen einer der berühmtesten Familien im italienischen Gastgewerbe hochhalten. Zwei sind Köche geworden: Enrico und Roberto, einer Sommelier: Francesco. Außerdem zwei Töchter: Rossella, die sich um den Empfang und die Bewirtung der Gäste kümmert (zusammen mit ihrem Ehemann Paolo Rota, ebenfalls Küchenchef) und Barbara, die für die *Confiserie Cavour* in Bergamo Alta und die Nachspeisen im Restaurant verantwortlich zeichnet (zusammen mit ihrem Mann Simone Finazzi). Und ja nicht zu vergessen Mamma Bruna, die 1966 mit Vittorio, ihrem Mann, ihr erstes Restaurant in der Stadt gegründet hatte und immer noch aufpasst, dass es den Gästen an nichts mangelt.

Elf sind sie insgesamt in der Familie, und alle arbeiten sie mit – kein Wunder, bei einer Küche von 300 m², in der nicht nur die traditionsreichen Gerichte aus der Region Bergamo zubereitet werden, sondern auch die Riesenscampi und der Fisch, die frisch aus Sizilien oder von der ligurischen Küste kommen – und nicht zu vergessen, die ganzen süßen Köstlichkeiten.

Tradition trifft hier auf moderne Technik und auf innovative Kreationen französischer und spanischer Küchenmeister.

Enrico und Roberto haben schon als Kinder gelernt, wie man mit der Pfanne umgeht. »Unsere Leidenschaft für das Kochen ist so groß, dass wir gar nicht merken, wie lange wir eigentlich in der Küche stehen. Unsere Arbeit bedeutet aber auch viel Engagement und Einsatz: Unser Vater hat uns das von Kindesbeinen an beigebracht.«

Nach den ersten »Gehversuchen« bei Papa Vittorio folgten Etappen in Sterne-Restaurants in Frankreich, wie dem bekannten *Troisgros* in Roanne, dem berühmten *El Bulli* des katalanischen Kochgenies Ferran Adrià in Spanien und dem *El Cirque* in New York, sowie zahlreiche Fortbildungen in Italien und im Ausland.

Francesco erinnert sich: »Papa hat auch immer Wert darauf gelegt, dass wir die Gerichte, die wir von ihm gelernt haben, nicht vergessen – und die Gäste fragen heute noch danach. Wir ziehen alle an einem Strang, weil wir uns ständig verbessern wollen. Das ist unsere Stärke.« Aus den Anfangsbuchstaben der Brüder ist auch ein Wein entstanden, der Faber, gewonnen aus heimischen Trauben.

Die Krönung in der ohnehin schon beeindruckenden Speisekarte sind die Nachspeisen – allesamt von Enrico kreiert. Samstags und sonntags wird regelmäßig ein riesiges Nachtischbuffet vorbereitet mit 40–50 verschiedenen Desserts.

Mit verschmitztem Lächeln gestehen Enrico und Roberto Cerea: »Wir haben beide eine Schwäche für Süßigkeiten. Das liegt einfach daran, dass wir als Kinder schon Naschkatzen waren.«

»Nutella gehört zu den Dingen, die man stets im Haus haben muss. Wir hatten alle schon immer eine Schwäche für die Nuss-Nugat-Creme, obwohl wir hier an Süßem wirklich keinen Mangel haben. Andererseits schmecken uns Nachspeisen mit Schokolade am besten. Tja, und manchmal wird abends nach der Arbeit doch noch ein Glas geplündert.«

Enrico und Roberto Cerea

Nutella-Ciabatta mit karamellisierter Banane

»Nutella schmeckt einfach mit Brot am besten. Und auf diese Erkenntnis sind wir nach vielem Herumprobieren auch wieder zurückgekommen. Herrlich leichtes Ciabatta-Brot eignet sich am besten – das Ergebnis ist ein üppiges, verführerisches Dessert.«

für **4** Personen

für das Nutella-Brot:
1 frisches Ciabatta
200 g Milch
100 g NUTELLA®
100 g Rohrzucker
50 g Butter
2 Eigelb
200 ml Bananenlikör
200 ml Rum
1 Vanillestange

für die karamellisierte Banane:
1 nicht zu reife Banane
100 g Zucker
abgeriebene Schale von 1 Bio-Zitrone
Saft von 1 Orange
1 walnussgroßes Stück Butter
1 Vanillestange

für das Bananensorbet:
3 Bananen
150 g Zuckersirup
Saft von ½ Zitrone
1 Msp Muskatnuss

Nutella-Brot: Aus dem Ciabatta kastenförmige Brotstücke schneiden (10–12 cm lang, 5–6 cm breit, 3–4 cm hoch), dabei die Kruste komplett entfernen. 15–30 Minuten ins Gefrierfach legen, bis das weiche Brot fester geworden ist, sich aber noch schneiden lässt. Aus dem Kühlschrank nehmen und der Länge nach halbieren. In die Mitte jeder Brothälfte eine 1 cm tiefe Mulde »graben« und mit Nutella füllen. Den Bereich um die Mulde herum mit einem leicht durchgeschlagenen Eigelb bestreichen und beide Brothälften wieder aufeinandersetzen.

In einer Schüssel das andere, durchgeschlagene Eigelb, Vanillemark (Stange aufschneiden und Mark herauskratzen), Milch, Bananenlikör und Rum kurz durchmixen. Das Brot von beiden Seiten eintauchen, mit einem Schaumlöffel wieder herausholen und für mindestens 30 Minuten ins Tiefkühlfach legen. Danach 10–15 Minuten bei Zimmertemperatur stehen lassen. Das Brot in einer Pfanne mit Antihaftbeschichtung mit etwas Butter leicht anrösten und auf einen Teller setzen. In einer kleinen Pfanne den Rohrzucker karamellisieren und vorsichtig über das Brot gießen.

Karamellisierte Banane: Banane schälen und längs halbieren. In einem Pfännchen den Streuzucker karamellisieren, das walnussgroße Stück Butter dazugeben, das Vanillemark und zum Schluss die geriebene Zitronenschale und den Orangensaft einrühren. Alles vermischen und die Banane damit überziehen.

Bananensorbet: Zuckersirup (Läuterzucker) herstellen: Dazu 100 g Zucker mit 3 EL Wasser verkochen. Die drei Bananen zusammen mit dem Zuckersirup, dem Zitronensaft und der Messerspitze Muskatnuss im Mixer pürieren. Die Mischung dann in die Eismaschine geben oder ins Gefriergerät stellen und alle 30 Minuten durchrühren. Das Sorbet darf nicht zu fest werden.

Je ein noch lauwarmes Brotstück auf einen Teller setzen, ein Stück karamellisierte Banane darüberlegen, daneben eine Kugel Bananensorbet setzen. Sofort servieren.

SERGIO COLALUCCI

Der Eis-Weltmeister

Voglia di gelato

Nettuno (Rom)

Im Januar 2006 gewann die italienische Mannschaft – unter großem Jubel und einem dreifarbigen Konfettiregen – den zweiten internationalen Wettbewerb der Speiseeis-Patissiers in Rimini. Drei italienische Eisspezialisten hatten die Delegationen aus Argentinien, Brasilien, Frankreich, Marokko, Polen, Tschechien, USA und Ungarn geschlagen – und das unter der strengen Aufsicht einer international besetzten Jury unter der Leitung des französischen Starpatissiers Gabriel Paillasson.

Sergio Colalucci, der zum italienischen Team gehörte, ist mit Eis aufgewachsen, schon als Kind ist er seinem Vater Raffaele in der Familien-Eisdiele zur Hand. An seinen wachen Augen meint man die Leidenschaft für seinen Beruf zu erkennen, aber seine Augen verraten auch, dass alles harte Arbeit war, bis er genau wusste, mit welcher Menge Zucker und mit wie viel Fett das absolut optimale Ergebnis zu erreichen ist. Man sieht Colalucci sein Engagement an. Ständige Experimente waren erforderlich, um alle Tricks zu kennen, mit denen man die Konkurrenz hinter sich lässt. Schließlich wird nicht nur die geschmackliche Raffinesse, sondern auch die Ästhetik der Komposition bewertet.

Zweimal im Monat, eineinhalb Jahre lang, hat sich die italienische »Eis-Mannschaft« von morgens bis abends im *Cast Alimenti* in Brescia, der vom italienischen Spitzenpatissier Iginio Massari gegründeten Gastronomieschule, den letzten Schliff gegeben. » Ich wollte nicht einfach nur Fertigprodukte für Eisdielen herstellen, und daher habe ich seit Anfang der Achtziger zusammen mit meinem Bruder auf Spitzenqualität gesetzt, immer in dem Bemühen, nur die besten Ausgangsmaterialien zu verwenden«, erzählt Colalucci.

Colalucci, von Beruf eigentlich Vermessungstechniker, weiß, dass die Eisherstellung eine exakte Wissenschaft ist. Und das gibt er auch gerne an seine Schüler weiter: »Ich bin zwar jetzt Dozent, aber ich erinnere mich noch gut an meine eigene Ausbildungszeit. Ich verdanke fast mein ganzes Wissen einem Theoretiker der ›kalten Kunst‹, nämlich Luca Cavieziel. Als junger Eishersteller wollte ich diesen Beruf so gut wie möglich lernen und habe mich an der Universität in Ernährungswissenschaften weitergebildet. Heute freue ich mich, wenn ich in meinen Schülern und Studenten auch etwas von dieser Leidenschaft und Liebe zum Handwerk wecken kann.«

In Nettuno führt Colalucci neben seiner traditionellen Eisdiele *Voglia di gelato* (Lust auf Eis) ein Unternehmen zur Speiseeisherstellung mit einer Produktion von täglich bis zu 200 Behältern Eis – unter anderem auch für die Spitzengastronomie.

Immer noch spricht er voller Begeisterung über den Meisterschaftstitel von 2006: »Man arbeitet hart, man gibt sich stets Mühe, aber der Hauptanreiz sind doch Erfolge wie dieser: das italienische Gelato wieder auf den Platz gebracht zu haben, den es verdient. So Eis machen wie wir kann eben niemand anderer.«

»»Ein Mythos, eine feste Institution! Als Kinder gab's nur eine Brotzeit: Brot mit dick Nutella drauf! Wir sind alle mit Nutella-Broten aufgewachsen!««

Sergio Colalucci

Nutella-Eis mit Jamaica-Rum-Soße

»Ein Eis, das sich einfach zubereiten lässt. Der klassische Nutella-Geschmack passt gut zu einer Rumsoße; den Abschluss bilden Schokoladentropfen: zweimal Kakao, jedes Mal anders – aber einfach nur köstlich!«

ergibt **10 – 12** Kaffeegläser

für das Nutella-Eis:
500 g Vollmilch
150 g NUTELLA®
100 g Sahne
100 g Zucker
3 Eigelb

für die Rumsoße:
200 g Sahne
250 g NUTELLA®
1 Eigelb
20 g Jamaica-Rum (40%)

zum Garnieren:
Schokoladenraspel
oder Karamelltropfen

In einer Kasserolle die Eigelbe mit dem Zucker schaumig schlagen und unter ständigem Rühren Milch und Sahne dazugeben. Auf mäßiger Flamme auf 85°C erhitzen. Weiter auf kleiner Flamme die Nutella-Creme unterrühren, bis sie ganz integriert ist. Sofort vom Feuer nehmen. Die Mischung abkühlen lassen und 2 – 3 Stunden im Kühlschrank kalt stellen. Dann in die Eismaschine geben.

Rumsoße: Eigelb, Sahne und Nutella in einem kleinen Topf mit dickem Boden gut verrühren und auf mäßiger Flamme auf 85°C erhitzen. Herd ausschalten und auf Zimmertemperatur abkühlen lassen. Vorsichtig den Jamaica-Rum unterrühren und die Masse im Kühlschrank kalt stellen.

Zum Servieren nimmt man am besten die klassischen Kaffeegläser oder große Tumbler, je nachdem, wie groß die Portion werden soll. Zuerst kommt eine Schicht Nutella-Eis ins Glas.
Dann eine Schicht mit der Jamaica-Rum-Soße darübergeben und mit einer letzten Nutella-Eis-Schicht bedecken. Mit Schokoladenraspeln garnieren oder mit Karamelltropfen. Dazu 100 g Zucker langsam schmelzen, bis er klar und hellbraun ist. Vom Herd nehmen. Sofort mit einem Löffel auf ein Backpapier Tropfen setzen und etwas in die Länge ziehen.

SALVATORE DE RISO

Das Gold der Zitronen von Amalfi

SalDeRiso

Minori (Salerno)

Rom

Glänzende Mousse, dekoriert mit glasierten gelben Rädchen, leuchtende Profiteroles mit kandierten Schalenstückchen garniert, selbst die Tiramisù duftet nach Amalfiküste. Die süßen Köstlichkeiten haben eines gemeinsam: die Limone Costa d'Amalfi, die berühmte längliche, duftende Zitronenart, die nur an der Amalfiküste wächst und inzwischen international durch eine Herkunftsbezeichnung geschützt ist. Und die Salvatore De Riso seit 1989 mit Hingabe zu köstlichen Desserts und Leckereien verarbeitet. Er ist stets gut gelaunt, wenn er zwischen seiner Backstube in Tramonti, einem kleinen Ort im Küstengebirge, seinem Geschäft auf der Piazza von Minori am Meer und seinen Auftritten beim staatlichen italienischen Fernsehsender RAI hin- und hereilt. »Das stimmt, ich verdanke alles den Zitronen. Sie sind wie Gold für mich.«

Salvatore De Riso, der seinen Namen zur Marke SalDeRiso abgekürzt hat und damit alle seine Kreationen firmiert – angefangen bei Torten und Eis über Liköre bis hin zu Konserven –, wurde nicht als Konditor geboren. Nach seiner Ausbildung auf der Hotelfachschule arbeitete er zunächst als Koch in den großen Hotels an der Küste. Es war seine Mutter Carmela, die die Leidenschaft für das Kochen in ihm weckte. Nach sieben Jahren am Herd beschloss er dann 1988, seinen Traum zu verwirklichen und Süßspeisen und Feingebäck in Eigenregie herzustellen. Er richtete sich in einer Ecke der kleinen Bar ein, die Papa Antonio auf der Piazza von Minori führte. Schon damals kamen die Leute im Sommer gerne hierher, um sich mit einem leichten Zitroneneisgetränk, natürlich selbst gemacht, zu erfrischen.

Salvatore De Riso kreierte neue Süßspeisen (nicht nur mit Zitronen) wie die berühmte Ricotta mit Birnen, und dank der italienischen Konditorenschmiede *Accademia Maestri Pasticceri Italiani* (Akademie der Italienischen Konditormeister) kam er mit Iginio Massari und anderen Kollegen in Kontakt. Mit ihnen zusammen setzte er es sich zur Aufgabe, italienische Nachspeisen bekannt zu machen – aber immer mit einem Bein in Minori, seiner Heimat.

»Alle meine Süßspeisen bauen auf den hervorragenden Zutaten aus meiner Heimatregion auf. Vielleicht war es daher leichter, mich durchzusetzen. Ich habe hart gearbeitet und mir viel Mühe gegeben, aber es stand mir wirklich ein Garten der Götter zur Verfügung: Zitrusfrüchte, Haselnüsse, Ricotta, Auberginen, Feigen und die herrlichen Annurca-Äpfel.«

Salvatore lächelt bescheiden, während er seine Produkte aufzählt. Es ist ein offenes, ansteckendes Lächeln, auch wenn er von all den Preisen und Anerkennungen spricht, die in seinem Geschäft die Wände zieren. Und alles dank Papa Antonio, Mamma Carmela und der Amalfi-Zitronen.

>> Wenn ich die Nutella-Gläser sehe, die meine Tochter Anastasia unbedingt für die Pause mit in die Schule nehmen will, erinnert mich das an die Tage, die ich mit meinen Freunden am Meer verbracht habe: Am Ende stand stets ein Picknick mit Brot und dickem Nutella-Aufstrich. Es sind wunderbare alte Kindheitserinnerungen. <<

Salvatore De Riso

Haselnuss-Schokolade-Törtchen

»Dies ist eine Hommage an unsere heimischen Haselnüsse, die

in dieser Region schon immer gerne in Süßspeisen verarbeitet

wurden. In diesem Fall habe ich sie mit Nutella kombiniert, und

ich glaube, es gibt keine bessere Liaison.«

für **8** Personen

für den Mürbeteig mit Haselnüssen:
400 g Mehl
240 g Butter
160 g Puderzucker
100 g geröstete und gemahlene
Haselnüsse
1 Ei
1 Eiweiß
4 g Backpulver
Salz
1 Vanilleschote

für die Füllung mit Haselnüssen:
150 g Butter
150 g Puderzucker
3 Eier
150 g gemahlene Haselnüsse
2 g Salz
geriebene Schale von 1 Bio-Orange

200 g NUTELLA®
grob gehackte, geröstete Haselnüsse
zum Bestreuen

Die Butter mit dem Puderzucker cremig schlagen, die gemahlenen Haselnüsse einrühren, dann Ei, Eiweiß, Backpulver, Salz und Vanilleschote dazugeben. Das Mehl einrieseln lassen und zu einem Mürbeteig verarbeiten. Den Teig ein paar Stunden im Kühlschrank ruhen lassen.

Inzwischen die Füllung zubereiten: Die Butter mit Puderzucker, Salz und der geriebenen Orangenschale aufschlagen. Nach und nach in kleinen Portionen die Eier und die gemahlenen Haselnüsse unterrühren.

Für die Torte: Den Mürbeteig auf ca. ½ cm Dicke ausrollen und eine runde Tortenform von 22 cm Durchmesser damit auslegen. Etwa zu drei Vierteln mit der Haselnussmasse füllen.

In den auf 170°C vorgeheizten Ofen schieben und etwa 35 Minuten backen. Herausnehmen und abkühlen lassen.

Die abgekühlte Torte auf ein Kuchengitter stürzen, vorsichtig umdrehen und auf eine Platte setzen. Nutella in einen Spritzbeutel mit Loch- oder Sterntülle füllen und die Torte mit Nutella-Wellen verzieren. Zum Schluss den Tortenrand mit gehackten Haselnüssen dekorieren.

GENNARO ESPOSITO VITTORIA AIELLO

Bodenständig und ehrlich – wie die Zutaten

Torre del Saracino

Marina di Seiano
Vico Equense (Neapel)

Vittoria und Gennaro: Der Golf von Neapel, der Duft von mediterranem Gemüse, die Frische reifer Zitronen, alles in wunderbaren Geschmacksnuancen präsentiert. Eines Tages kam ein Koch namens Alain Ducasse ins *Torre del Saracino*, ein kleines Restaurant direkt am Strand, nachdem er die Haarnadelkurven den Berg hinunter zur Marina gemeistert hatte. Er aß dort hauchzarte Calamari, duftende, weiche Zitronen-Gnocchi und einen köstlichen Adlerfisch. Als Dessert bestellte er sich Feigen in Blätterteig – und war völlig begeistert! Als er nach Paris zurückkam, trommelte er sofort sein Küchenpersonal zusammen und tobte: »Es kann doch nicht wahr sein, dass wir nicht in der Lage sind, so einen tollen Nachtisch zuzubereiten! Eine Schande!«

Ein kurzer Telefonanruf genügte, und Vittoria Aiello war engagiert – wie zuvor schon ihr Mann Gennaro Esposito – und ging nach Frankreich, um den Franzosen zu zeigen, wie sie ihre Desserts zubereitet. Und zwar die »ganz echten, ehrlichen, mit frischen Zutaten aus unserer Heimat, wie wir sie für unsere gesamte Küche verwenden – ohne Zusatzstoffe, wie Verdickungsmittel, Konservierungsstoffe und Farbstoffe«.

Vittoria und Gennaro leben ihre Liebe zum Kochen seit 1992, als sie sich kennenlernten. Vittoria war gerade 18, Gennaro 22. Vor einer Birnensuppe mit Blätterteig und Ricotta schworen sich die beiden jungen Leute ewige Liebe.

Mit strahlendem Lächeln erzählt Vittoria: »Mein Vater hatte hier in der Nähe ein Restaurant, und er riet uns, unser eigenes zu eröffnen. Nach drei Jahren kam der erste Stern von den Franzosen, aber das schönste Erfolgserlebnis war, als 2001 dieser französische Küchenchef zu mir sagte, mein Dessert wäre einfach göttlich! Ich hatte mein ganzes Können hineingesteckt. Und nachdem Gennaro eher der Künstler ist und sich beim Kochen mehr auf sein Gefühl verlässt, bin ich im *Torre del Saracino* für die Desserts zuständig, bei denen äußerste Genauigkeit gefragt ist.«

Ihr Mann Gennaro, von beeindruckender Statur und immer lächelnd, berichtet: »Kochen ist meine Leidenschaft, und ich habe sie schon in der Konditorei meines Onkels Giovanni gelebt. Ich mag aber lieber Salziges, und so habe ich gelernt, wie man die Zutaten meiner Heimat mit Wissen, Technik und Liebe zubereitet. Als ich nach meiner Erfahrung bei Ducasse in Paris und Montecarlo wieder zurückkam, war ich noch entschlossener, auf Qualität zu setzen, auf eine moderne Küche, die man aber nicht groß hinausschreit, sondern die sich in Form von leichten, bekömmlichen Gerichten ausdrückt.«

Vittoria und Gennaro sind die personifizierte Lebenslust. Und sie wissen genau, was sie wollen: In nur wenigen Jahren ist es ihnen gelungen, ein kleines Lokal in einem alten Sarazenenturm in eines der bekanntesten Feinschmeckerrestaurants Italiens zu verwandeln.

>>Gennaro: Sie gehörte schon zum täglichen Familienleben. Ihre Erfindung war wirklich das Ei des Kolumbus. Ich für meinen Teil muss gestehen, dass ich keinen so großen Hang zu Süßigkeiten habe, aber ich lernte Nutella schon in der Konditorei meines Onkels kennen, und zwar in großen 5-Kilo-Töpfen, aus denen er eine köstliche Gianduja-Creme machte. Absolut unvergesslich!<<

Gennaro Esposito
Vittoria Aiello

Millefeuille mit Haselnusscreme und Nutella

»Mit der doppelten Röstung bekommt die Haselnusscreme ein besonderes Aroma, das durch Nutella noch intensiviert wird. Der Effekt ist eine weiche, cremige Süße, die einen guten Kontrast zu den festen Waffeln bildet.«

für **4** Personen

150 g NUTELLA®
Waldfrüchte
Puderzucker

für 300 g Haselnusscreme:
63 g Zucker
2 Eigelb
250 g Milch
35 g Maizena
70 g zweimal geröstete,
geschälte Haselnüsse
1 Vanilleschote

für 20 rechteckige Waffeln:
50 g Puderzucker
50 g Butter
50 g Mehl
1 Eiweiß

Die geschälten und gut gerösteten Haselnüsse in den Mixer geben und zu ganz feinem Mehl mahlen. In einem Topf mit dickem Boden die Eigelbe mit dem Zucker aufschlagen, Maizena, Vanilleschote und Milch dazugeben. Mit einem Holzlöffel gut durchrühren und zum Kochen bringen, bis eine glatte, samtige Creme entsteht. Sofort vom Herd nehmen, die Creme abkühlen lassen und die fein gemahlenen Haselnüssen unterziehen.

Für die Waffeln in einer Schüssel Eiweiß mit Zucker leicht schaumig schlagen, warme Butter und Mehl dazugeben und zu einem glatten Teig kneten. Ein Backblech mit Backpapier auslegen und den Teig darauf 2 mm dick ausrollen. Rechtecke von 3,5 x 7 cm ausschneiden.

Bei 200°C in 3–4 Minuten im Ofen backen. Die noch hellen Waffeln herausnehmen und abkühlen lassen.

Das Dessert dann wie ein Millefeuille aufbauen – abwechselnd eine Waffel, eine Schicht Haselnusscreme, eine Schicht Nutella, eine Waffel usw. Mit einigen Waldfrüchten garnieren und mit Puderzucker bestäuben.

GINO FABBRI

Torten sind Liebesbriefe

Pasticceria Gino Fabbri

Bologna

Schon Marshall McLuhan schrieb 1967: »Das Medium ist die Botschaft.« Für den italienischen Starkonditor Gino Fabbri, einen Grandseigneur mit gutmütigem Gesichtsausdruck und einem Hauch von Puderzucker in der Stimme, zählt nur ein Kommunikationsmittel: Torten. Davon stellt er in seiner Backstube im Gewerbegebiet von Bologna aber auch wirklich eine große Anzahl her.

»Wir müssen begreifen, was der Kunde, der eines unserer Produkte kauft, damit beabsichtigt: Will er einen Geburtstag feiern oder einen besonderen Moment in seinem Leben, oder möchte er damit sagen: Ich liebe dich. Aus diesem Grund müssen wir »Weißjacken« weg vom Ofen und vor in den Laden, um mit unseren Kunden zu reden. Ja, eine Torte ist immer ein wichtiges Kommunikationsmittel, mehr als jede andere Süßspeise.«

Eines seiner erfolgreichsten Produkte heißt auch »Liebesbrief«. Es ist eine rot-weiße Baisertorte, die aussieht wie ein Briefumschlag: Die Reinheit des weißen Baisers verbindet sich auf reizvolle Weise mit dem Rot der Himbeeren. Verzaubert wird das Ganze durch eine nach Vanille duftende, weiße Mousse au chocolat und leuchtend rote Gelatinewürfel.

Schon dieses Beispiel genügt, um Gino Fabbri zu beschreiben, Dozent an der berühmten Konditorenschule *Accademia Maestri Pasticceri Italiani*, der seine Leidenschaft zum Beruf gemacht hat. Auf dem Schild an seiner Backstube und auf den eleganten Verpackungen seiner Konfiserie-Kreationen prangt sein Name: Gino Fabbri Pasticcere. Bis zum Jahre 2003 war *La Caramella* – das Bonbon – der Name seines Geschäfts, das er seit dem Jahre 1982 betrieben hatte, und sein Markenname.

Seiner Arbeit widmete er sich stets mit großer Hingabe. Auch heute, da er an der Spitze seines Berufsstandes steht – Vizepräsident der Akademie der Italienischen Konditormeister, 2003 erster Preis beim Symposium in Ferrara, Italiens bester Konditormeister 2009 –, gibt er immer alles: Stets tauscht er sich mit seinen Kollegen aus und achtet darauf, dass die Zutaten seinen hohen Anspruch an Kreativität erfüllen. »Ich will auch die Vorstellung von Qualität vermitteln, dem Kunden das Gefühl geben, dass wir uns täglich darum bemühen.«

Auf Gino Fabbris Kreationen trifft ganz besonders der Spruch zu, dass auch das Auge mitisst: Sein Pralinensortiment ist eine Sammlung raffinierter Preziosen, die köstlichen Obstkonfitüren werden in schönen Gläsern präsentiert, und seine Backwaren sind an Geschmack und Aussehen kaum zu übertreffen.

Die Botschaft, die uns Gino Fabbri damit vermittelt, heißt Freude an der Arbeit. »Das versuche ich auch meinen Azubis in der Backstube und an den Ausbildungszentren, an denen ich unterrichte, zu vermitteln: Ihr müsst mit Elan und Liebe bei eurer Arbeit sein, auch wenn sie anstrengend ist, damit ihr immer ein Lächeln rüberbringen könnt!«

»Ich habe noch die Geburtsstunde von Nutella in den Sechzigern miterlebt: Sie ist sofort gut ange- kommen und wurde parallel zur Weiterentwicklung des Herstellungsprozesses ständig verbessert. Aber das ist das Urteil des Profis. Man darf keinesfalls ihre Trostfunktion vergessen, die sie in schwierigen Momenten hat – Creme wie eine zarte Berührung – ein Glück für den Gaumen.«

Gino Fabbri

Torte »Süße Erinnerung«

»Ich möchte hier eine einfache Torte vorstellen, die immer gut schmeckt. Außer auf meine speziellen Kreationen greife ich auch gerne auf die alten, traditionellen Rezepte zurück, wie selbst gebackene, nach Vanille duftende Kuchen. In diesem Fall sorgt Nutella für eine zusätzliche köstliche Geschmackskomponente.«

für **6** Personen

150 g NUTELLA®
100 g Mehl
100 g Butter
100 g Zucker
75 g Eigelb
50 g Eiweiß
8 g Backpulver
1 Vanilleschote
gehackte Haselnüsse
ganze Haselnüsse
Puderzucker

In einer Schüssel Eigelb und 75 g Zucker mit dem Schneebesen kräftig schlagen, bis eine helle, schaumige Masse entsteht. Vanilleschote aufschneiden, das Mark herauskratzen und unterrühren.

Die Nutella-Creme zusammen mit der Butter in einen Topf mit dickem Boden geben und im Wasserbad oder einer Schüssel in der Mikrowelle zum Schmelzen bringen. Dann abkühlen lassen.

In einer zweiten Schüssel das Eiweiß mit dem restlichen Zucker zu festem Schnee schlagen.

Löffelweise Mehl und Backpulver in die Eigelb-Zucker-Masse einrühren, danach vorsichtig den Eischnee unterziehen.

Eine 22–24 cm lange Kastenform einfetten und mit Mehl bestäuben; den Teig einfüllen und im vorgeheizten Backofen bei 160–170 °C ca. 30 Minuten backen.

Herausnehmen, ganz abkühlen lassen, dann erst aus der Form nehmen und auf einer Kuchenplatte anrichten. Mit Puderzucker bestäuben und mit Nutella-Häubchen und den ganzen Haselnüssen dekorieren. Die Seiten mit gehackten Haselnüssen verzieren.

GUIDO MARTINETTI
FEDERICO GROM

Eis wie anno dazumal

Grom

Turin, Mailand, Bergamo, Genua, Parma, Padua, Florenz

Eier, frische Milch, Sahne, thailändischer, dampfgebleichter Rohrzucker und Kakao aus Ecuador, das sind die qualitativ hochwertigen Zutaten für die Standard-Geschmacksrichtungen und die zahlreichen anderen Spezialitäten: Kaffee aus der Hochebene von Huehuetenango in Guatemala, runde, knackige Haselnüsse aus dem Piemont, Maisgebäck aus Battifollo, Akazienhonig von den Hügeln bei Lucca, Amalfi-Zitronen und frisches Saisonobst, das konsequent von Hand geschält und geschnitten wird.

Sie hatten es *Grom, il gelato come una volta* (Grom, Eis wie anno dazumal) getauft und im Mai 2003 einen kleinen Laden in Turin eröffnet, auf einer kleinen Piazzetta in der Nähe des Bahnhofs Porta Nova. Ihre Verkaufstheke richteten sie mit sektkübelähnlichen Behältern ein, in denen die Eissorten gut gekühlt unter Deckeln ruhten. Das gefiel ihnen besser als die heutzutage üblichen offenen »Wannen«. Ihre Preise passten sie der Qualität der Zutaten an, und es dauerte nicht lange, bis die eishungrigen Kunden unter den Arkaden der Piazzetta Schlange standen. Die Rechnung ging auf, denn innerhalb von nur drei Jahren eröffneten sie sechs weitere Eisdielen in verschiedenen Städten Italiens. Beliefert werden sie alle von einer zentralen, hypermodern ausgestatteten Produktionsstätte, die die beiden »Eismeister« im April 2005 in Mappano, einem Vorort von Turin bauen ließen. Die noch flüssige Eiscreme wird im Kühlwagen (nicht tiefgefroren!) an die einzelnen Eisdielen geliefert und dort frisch verarbeitet, eine geniale Idee. Guido Martinetti kümmert sich um den Einkauf der qualitativ hochwertigen Zutaten, um Produktion und PR; sein Partner Federico Grom ist für Verwaltung und Personalführung zuständig. Guido Martinetti, Sohn eines bekannten Weinherstellers, hat selbst Önologie studiert. Diplom-Betriebswirt Federico Grom hat seinen Beruf als Finanzmanager in einem Logistikkonzern an den Nagel gehängt, um sich auf das »eisige« Abenteuer einzulassen.

»Italien ist zwar weltweit für sein Eis berühmt, aber kaum jemand stellt das Eis nach alter handwerklicher Tradition mit qualitativ hochwertigen Zutaten her. Da gibt es noch reichlich Marktlücken, und wir investieren gerade, um unser System überall hinzubringen«, meinen die beiden überzeugt.

Das Ergebnis ist ermutigend, denn ihr Eis erweist sich als wunderbar cremig und geschmacksintensiv – man hat eigentlich schon vergessen, dass Eis so gut sein kann. Guido Martinetti besitzt ein Händchen für allerbeste Zutaten. Voller Elan begibt er sich stets auf die Suche nach immer besseren Rohstoffen für die immerhin 30 Sorten Eis, die je nach Jahreszeit wechseln und ständig verbessert werden.

»Alles begann schon im Gymnasium«, erzählt Martinetti, »ich habe Eis immer gerne gemocht. Die Mädchen aus der Schule habe ich oft zu mir nach Hause eingeladen und sie mein Stracciatella-Eis mit Schokostückchen probieren lassen. Das hat besser funktioniert als jede Briefmarkensammlung.«

»Als Jugendlicher habe ich häufig an Triathlon-Wett-
kämpfen teilgenommen. Das ist ein ziemlich harter
Sport, weil man gleich drei Disziplinen hintereinander
absolvieren muss: Laufen, Schwimmen und Radfah-
ren. Nach einem Wettkampf habe ich meine Energie-
reserven mit viel Nutella oder Gianduja-Creme aus der
Konditorei aufgefüllt. Nutella ist einzigartig, ein geniales
Produkt mit unglaublichen geschmacklichen
Eigenschaften.«

Guido Martinetti

Nutella-Eis und seine Elemente

»Ein Rezept, das man zu Hause mit der Eismaschine zubereiten kann. Sehr ausgewogen durch das Gleichgewicht der süßen Zutaten zusammen mit der eleganten geschmacklichen Note. Nutella sollte den Geschmack noch etwas intensivieren, ohne jedoch zu aufdringlich zu werden.«

für **4** Personen (500 g)

330 g frische Vollmilch
120 g NUTELLA®
20 g Sahne
35 g Rohrzucker
20 g gehackte Haselnüsse
20 g Schokoladentropfen

Die Milch zusammen mit der Sahne in einen kleinen Topf geben und auf etwa 85 °C erhitzen, nicht kochen. Auf kleiner Flamme zuerst Nutella, dann den Zucker hinzufügen und langsam verrühren, bis eine homogene Masse entsteht. Für mehrere Stunden in den Kühlschrank stellen.

Vor dem Servieren die Mischung in die Eismaschine füllen. Kurz bevor das Eis fertig ist, die gehackten Haselnüsse und die Schokoladentropfen dazugeben.

IGINIO MASSARI

Der Maestro unter den Meisterkonditoren Italiens

Pasticceria Veneto

Brescia

Den Hefepilz *Saccharomyces cerevisiae,* zu dem die Kulturhefen gehören, haben sich die Menschen schon vor Tausenden von Jahren zur Herstellung von Wein, Bier, Brot und Süßspeisen zunutze gemacht. Ohne Backhefe gäbe es keine Brötchen, keine Hörnchen, keinen Zopf, keinen Panettone, keine Brioches. Und es gäbe auch keine Konditormeister, vor allem keine wie Iginio Massari, den »Maestro« unter den italienischen Meisterkonditoren. Ohne die grenzenlose Wissbegierde von Iginio Massari – Mitglied des internationalen Konditorenverbands *Relais Dessert* (1985) sowie Gründer der italienischen Konditorenschmiede *Accademia Maestri Pasticceri Italiani*, Gewinner des internationalen Konditorenwettbewerbs in Lyon 1997, erster »Konditormeister des Jahrzehnts« (1993–2003) – hätte die »süße Kunst« in Italien eine andere Geschichte.

Maestro Iginio, ein athletischer Norditaliener aus Brescia, ist die treibende Kraft hinter einer Gruppe herausragender Patissiers, der alle Mitglieder zu Höchstleistungen anspornt. Unter seiner rauen Schale und der berufsbedingten Strenge verbirgt sich jedoch ein weiches Herz. Seine Passion nahm ihren Anfang mir den typischen bonbonförmigen Ravioli aus Brescia, die seine Mutter in der familieneigenen Trattoria immer von Hand herstellte mit einem hauchdünn ausgerollten Teig – dabei der Duft einer kräftigen Minestrone in der Luft.

Seine Eltern wollten, dass ihr Sohn einmal Arzt wird – und er hatte das Studium auch schon begonnen. Doch die Erinnerung an die Düfte aus der Küche seiner Mutter war dann offensichtlich stärker. Und so eröffnete er zusammen mit seiner Frau Marì 1971 im Alter von 30 Jahren in seiner Heimatstadt Brescia die Konditorei *Veneto*, die zur berühmtesten Konditorei Italiens aufsteigen sollte. Tag für Tag locken dort über 50 verschiedene Pralinensorten, alle möglichen Torten, Salz- und Hefegebäck, Croissants und andere Kunstwerke der Patisserie in den verschiedensten Formen und Varianten die Kunden an.

Wenn man Massari fragt, welches Gebäck er am liebsten mag, antwortet er, ohne zu zögern: »Panettone, Colomba und Pandoro.« Sie sind aus Hefeteig, der eine lange Bearbeitung erfordert. Und genau darin liegt die Herausforderung für den Konditormeister: gute Zutaten, viel fachliches Können – und eine Menge Geduld. Die hat er, der unbestrittene Top-Konditormeister Italiens. Diese Definition ist für das Backgenie jedoch nicht ausreichend. Er betätigt sich gleichzeitig als Dichter, Schriftsteller, Organisator größerer Veranstaltungen und als Botschafter italienischer Patisserie in der ganzen Welt. In seinen Augen ähnelt das Leben einem Hefekuchen – alles muss aufgehen und wachsen. »Ernährung ist ein Grunderfordernis, aber ob süß oder salzig, ob gut oder mittelmäßig können wir selbst bestimmen. Wichtig ist, über ausreichendes Wissen zu verfügen, um diese Arbeit gut zu machen.« Und wer könnte in dieser Kunst besser sein als Maestro Massari!

»Nutella – das beliebteste Nahrungsmittel unserer Jugend. Außerdem hat ein fähiger Handwerker die Creme erfunden, einer, der auch ein gutes Gespür für den richtigen Zeitpunkt hatte, um sie auf den Markt zu bringen. Ich kenne mich gut aus in der Nahrungsmittelbranche und weiß zu schätzen, wenn es nicht nur ums nackte Geschäft geht, sondern auch Gespür mitspielt.«

Iginio Massari

Nutella-Soufflé

»Wie Zauberei: Ein geschlagenes Ei wird weich in den Ofen geschoben und kommt völlig verwandelt wieder heraus ... Ich habe hier ein klassisches, einfaches Rezept mit Nutella-Creme verfeinert. Und wer es besonders gehaltvoll möchte, schneidet das Soufflé einfach mit dem Löffel ein und füllt es mit einer Kugel Vanilleeis.«

für **4** Personen

100 g NUTELLA®
20 g Butter
1 Prise Salz
50 g Eiweiß
15 g Zucker
Puderzucker

Die Butter bei Zimmertemperatur weich werden lassen und cremig schlagen. Mit dem elektrischen Handrührer das Eiweiß mit der Prise Salz zu festem Schnee schlagen, dabei nach und nach den Streuzucker einrieseln lassen.

In einer Schüssel die Nutella-Creme mit der cremig geschlagenen Butter gleichmäßig verrühren.

Den Eischnee löffelweise unterheben. Dabei vorsichtig von unten nach oben rühren, damit der Schnee nicht zusammenfällt.

Die Masse in vier gefettete und mit Zucker ausgestreute Soufflé-Formen (oder andere feuerfeste Schüsseln) füllen.

Vor dem Backen mit Puderzucker bestreuen, dann bei 180 °C in 7 Minuten backen. Herausnehmen und noch warm servieren – wenn gewünscht, mit einer Kugel Vanilleeis.

DAVIDE PALLUDA

Der junge Wilde

Enoteca

Canale (Cuneo)

Auf der linken Uferseite des Tanaro, der sich quer durchs Piemont von den Seealpen bis hin zum Po schlängelt, verläuft eine Hügelkette mit Schluchten, Weinbergen, Schlössern und Kirchtürmen, in die es immer wieder Weinkenner zieht. Die Gemeinde Canale liegt inmitten dieser Gegend, Roero genannt, und wurde Mitte der Neunziger durch die *Enoteca regionale* bekannt. Nicht nur der Wein, sondern auch ein Restaurant ist hier im Laufe der Jahre zum festen Bezugspunkt für gehobene Gastronomie geworden.

Von Anfang an war der Inhaber und Küchenchef dieses Lokals ein junger Mann, der es verstand, seiner Küche eine starke Persönlichkeit zu verleihen. »Mir geht es um Verbundenheit mit der Region, was aber nichts mit sturem Festhalten an der Tradition aus lauter Angst vor Veränderung zu tun hat.« Davide Palluda ist ein Wunderkind, ein »junger Wilder«, der auf der Suche nach neuen Erfahrungen viel herumgereist ist – in Deutschland, Frankreich, Ligurien – und die Kunst des Kochens schon seit 1988, als er noch nicht mal volljährig war, in der großen Talentschmiede des Restaurants *Felicin* in Monforte d'Alba gelernt hat.

Heute dirigiert Davide Palluda in der Küche zehn Angestellte, während seine Schwester Ivana das Restaurant managt. Oft setzt sich Davide aber auch zu seinen Gästen, der burschikose Sunnyboy, immer fröhlich und immer einen lockeren Spruch auf den Lippen. Für ihn hat die Küche auch etwas Spielerisches, denn sie bietet das seltene Privileg, von sich selbst erzählen zu können, von seiner Heimat, seinem Leben und den Erinnerungen. »Und warum nicht – manchmal ist selbst ein Rezept wie ein Gedicht.« Dann erzählt er weiter vom Markt, zu dem er morgens hingeht und sich für seine Speisekarte Inspirationen holt.

Heute, da sich die Geister der Sterneköche scheiden an der Frage, welche Küche verfolgt werden sollte, zieht Davide Palluda eine ganz klare und simple Markierungslinie: »Es gibt nur dazwischen gibt es nichts.«

Seiner Meinung nach hat ein Koch nur eine einzige Pflicht, »eine eigenständige Persönlichkeit zu entwickeln und diese umzusetzen. Ansonsten geht es einem wie vielen jungen Köchen heutzutage. Sie wechseln alle sechs Monate in ein neues Spitzenrestaurant, lernen dort von charismatischen Starköchen, aber wenn sie dann alleine vor einer Speisekarte sitzen, wissen sie nicht, wie sie sie füllen sollen. Für mich ist es wichtig, dass sich jeder so darstellen kann, wie er wirklich ist. In der Küche sprechen die Gerichte für uns.« Davide Palludas elegante und raffinierte Desserts sind ein Ausdruck seiner Theorie und stehen für Heiterkeit, Lebensfreude und Leidenschaft. Zum Abschluss fasst er zusammen, was er mit seinen Kreationen bewusst machen will – »das Produkt als solches – die Qualität der Zutaten, die Kunst der Herstellung, die stets innovativ bleiben muss, und die Kunst, alle Zutaten bestmöglich zu präsentieren«. Eigentlich ganz einfach, oder?

>> Meine Leidenschaft für Nutella entdeckte ich in den Achtzigern, als ich neun Jahre alt war und die Sommerferien auf einem Campingplatz in Ceriale an der ligurischen Küste verbrachte. Ich spielte oft mit einem Jungen, der zwischendurch immer Aprikosen und Nutella aß. Irgendwann hatte er mich damit angesteckt, und seitdem wiederhole ich dieses Ritual jeden Sommer. <<

Davide Palluda

Glacierte Aprikosen an Nutella und Röstbrot

»Ich war auf der Suche nach einem Geschmack aus Kindertagen, dem von leicht säuerlichen Aprikosen mit süßer Nutella-Creme. Das Rezept erinnert an die Brote mit Nutella – und birgt dazu noch eine kleine Überraschung.«

für **4** Personen

12 reife, feste Aprikosen
12 TL NUTELLA®
12 halbe Scheiben weißes Landbrot
150 g Aprikosenpüree
3 g Blattgelatine
1 TL Limettensaft
20 g Zucker
12 Minzeblätter

Die 12 ganzen Aprikosen kurz überbrühen und sofort in Eiswasser abschrecken. Vorsichtig die Haut abziehen und die Früchte mit einem scharfen Messer halbieren. Den Kern herausnehmen und das Kernbett mit Nutella füllen. Die Aprikosenhälften wieder zusammensetzen und im Kühlschrank kalt stellen.

50 g Aprikosenpüree mit Limettensaft und Zucker erwärmen, darin die zuvor eingeweichte und ausgedrückte Gelatine auflösen. Diese Mischung unter sorgfältigem Rühren unter das restliche Aprikosenpüree ziehen.

Die 12 Aprikosen aus dem Kühlschrank nehmen und in die Aprikosengelatine tauchen, dabei rundum überziehen. In den Kühlschrank stellen, bis die Gelatineschicht fest geworden ist. Die Aprikosen dann ein zweites Mal in der restlichen Gelatine »baden« und erneut im Kühlschrank kalt stellen.

Zum Servieren die Aprikosen, mit Minzeblättern garniert, zusammen mit den Toastscheiben auf Tellern anrichten.

MARCO PARIZZI

Kreativität alla parmigiana

Parizzi

Parma

»Schon Boccaccio erwähnte den berühmten Käse Mitte des 14. Jahrhunderts in seiner Beschreibung des Schlaraffenlands Bengodi: »In einem Land – Bengodi heißt es – haben sie einen Berg aus lauter geriebenem Parmesan aufgehäuft.«

»Ich biete ihn in seinen verschiedenen Reifephasen an: 12, 24 oder 36 Monate. Neben Wurstwaren und Wein ist er das einzige Produkt, das wir in der Küche nicht selber zubereiten«, sagt Marco Parizzi. Der knapp 40-jährige Küchenchef aus Parma hat sehr klare Vorstellungen davon, welche Art von Gerichten er in seinem gerade mit minimalistischer Eleganz renovierten Nobelrestaurant im Herzen der Stadt des Parmesans kredenzen will: »Nichts Vorgefertigtes, alles hausgemacht, vom Brot bis hin zum Dessert.«

Das Metier wurde ihm sozusagen schon in die Wiege gelegt. Sein Großvater war der Eigentümer der Trattoria *Tiratardi*; sein Vater Ugo hat das Familienlokal 1956 an einem anderen Platz mit dem Namen *Parizzi* neu eröffnet. Ende der Siebziger erhielt es den ersten Michelin-Stern.

Damit schien Marco der Weg zum Erfolg schon mehr als geebnet, aber er sagt ohne Umschweife: »Als Koch wird man nicht geboren, Koch muss man lernen.«

Schon als Kind half der junge Marco im Restaurant mit und bediente die Gäste, was ihn aber nicht hinderte, sein Diplom als staatlich geprüfter Buchhalter zu machen. »Ich arbeitete, um mir ein Taschengeld zu verdienen.

Das Kochen als solches hatte mich damals noch nicht interessiert.« Die Wende kam erst im Alter von 20 Jahren, als ihm sein Vater mitteilte, dass sein Koch das Lokal verlassen wolle und er wohl bald ohne Küchenchef dastehen würde.

Schon bald brachte Marco Parizzi neuen Wind ins Restaurant des Vaters. »Ich hasste es, wenn immer wieder die gleichen Gerichte in gleicher Form auf der Karte standen. Ich habe es dann geschafft, die gesamte Küche zu modernisieren und ein paar neue, aufstrebende Köche zu engagieren, darunter Davide Oldane sowie den Franzosen Patrick Masera, von dem ich eine ganze Menge gelernt habe.«

1999 war er selbst Küchenchef. Ab da folgten Auszeichnungen für seine moderne, leichte Küche auf der Basis von regionalen Zutaten erster Qualität.

Marco Parizzi hat klare Vorstellungen: »Für mich sind nur Geschmack und Aroma ausschlaggebend und nicht die Kochtechniken oder ein überzogener Drang zur Ästhetik. Meine Rezepte sind geschmacklich ausgewogen und kompromisslos. Wenn eine Soße ein paar Stunden erfordert, nehme ich mir einfach die Zeit dazu.«

Ein junger Küchenchef, den sein Fernseherfolg nicht verdorben hat. »Sie haben mir die Möglichkeit gegeben, als das, was ich bin, bekannt zu werden, als Marco Parizzi und nicht als Sohn von Ugo.«

Und die Stadt Parma hat wieder ein Restaurant, das ihrem Ruf als »Hauptstadt der Genießer« entspricht – mit authentischen Produkten des Landes.

>> Für ein Schleckermaul wie mich hatte Nutella schon als Kind eine unwiderstehliche Anziehungskraft. Ich habe die Creme direkt vom Messer runtergeschleckt, statt sie aufs Brot zu streichen! Von wegen Löffel. Aber den Kindern sage ich heute: Tut das ja nicht! <<

Marco Parizzi

Knuspriges Dolceamaro mit Nutella

»Ich habe mich von den Rocher-Pralinen inspirieren lassen und die Gaumenfreude einfach umgedreht aufgezogen – ein Turm aus zarter Schokolade, gefüllt mit knuspriger Nutella und Waffelstückchen.«

für **10** Personen

für die Mousse-au-chocolat-Türmchen:
100 g Milch
600 g Schlagsahne
500 g Bitterschokolade mit 70% Kakaoanteil
250 g Bitterschokolade mit 60% Kakaoanteil
250 g weiche Butter
25 g Rum
1 Vanilleschote
2 Blatt Gelatine

für die Zitrusfrüchte-Marmelade:
30 g Orangen- und Zitronenschale (Bio)
1 Karotte
500 g komplett geschälte Orangen
1 komplett geschälte Zitrone
325 g Zucker

zum Garnieren:
500 g Trockenfrüchte (Feigen, Datteln, getrocknete Aprikosen)
500 g Wasser
100 g Zucker
1 Zimtstange

für die Nutella-Füllung:
300 g NUTELLA®
50 g Sahne
50 g Waffelbruch

Die Milch, 100 g Sahne und die Vanilleschote in einen kleinen Topf geben und im Wasserbad unter ständigem Rühren auf 80 °C erhitzen. Vom Feuer nehmen, die in Stücke gebrochene 60 %-ige Bitterschokolade, den Rum, die Butter, die in Stücke gebrochene 70 %-ige Bitterschokolade und zuletzt die zuvor 10 Minuten in kaltem Wasser eingeweichte und gut abgetropfte Blattgelatine zugeben. Alles gut auflösen und verrühren.

Die restlichen 500 g Schlagsahne halb steif schlagen, dann vorsichtig unter die Schokoladenmischung ziehen. Anschließend 15–20 Minuten in den Kühlschrank stellen, bis die Masse etwas fester wird und sich modellieren lässt. Die Masse zu zehn 8–10 cm hohen Zylindern formen; in jeden dieser Zylinder mit einem schmalen Messer in der Mitte ein ca. ½ cm breites Loch bohren. Die Zylinder im Kühlschrank mindestens 4–5 Stunden erstarren lassen.

Inzwischen die Karotte schälen, klein schneiden und zusammen mit der Schale der Zitrusfrüchte ein paar Sekunden im Mixer klein hacken. Die komplett von Schale und Häutchen befreiten Orangen- und Zitronenfilets dazugeben, alles pürieren und zusammen mit dem Zucker in einen kleinen Topf füllen. 40 Minuten bei 90 °C einkochen lassen, bis sich die Masse zu Marmelade verdickt.

Wasser mit Zucker und Zimt aufkochen. Die Trockenfrüchte dazugeben und 2 Minuten kochen lassen. Bei Zimmertemperatur mindestens 1 Stunde abkühlen lassen.

In einem kleinen Topf Nutella-Creme und Sahne verrühren und auf 50 °C erwärmen, bis die Masse eine samtig-cremige Konsistenz bekommt, dann den Waffelbruch unterrühren.

Auf jeden Dessertteller ein Mousse-au-chocolat-Türmchen stellen und das Loch in der Mitte mit der Nutella-Sahne-Creme füllen, dabei oben etwas Creme überlaufen lassen. Mit der Zitrusfrucht-Marmelade und Trockenobst garnieren.

MAURO PETRINI

»Kalte Kunst« auf neuen Wegen

Auf der Piazza dell'Alberone an der Via Appia Nova in Rom verteilt die Familie Petrini schon seit 1926 das Glück in Form von Eistüten und -bechern. Papa Fernando verrührte damals die Zutaten mit einem riesigen Stahllöffel von Hand. Es gab auch nur vier Sorten: Crema, Schokolade, Zitrone und Haselnuss. 80 Jahre später führt Mauro das Familienunternehmen weiter – mit drei Änderungen allerdings. Die erste betrifft die Öffnungszeit: Früher war die Eisdiele nur im Sommer in Betrieb, heute ist sie das ganze Jahr über geöffnet. Auch das Angebot hat sich verändert: Es gibt nicht Tüten und Becher zum Mitnehmen, sondern auch Torten und große Behälter mit Eis, da die Eisdiele heute in ganz Rom bekannt ist. 40 % der Tagesproduktion gehen inzwischen in die »Großbestellungen«. Auch die Produktionstechnik hat sich verändert: Die Zutaten werden genau abgewogen; man berechnet verschiedene Zuckerkoeffizienten, gibt die Daten in den Computer ein – und schon ist das Rezept fertig.

Mauro Petrini ist ein Mann, der einem mit seinem sympathischen römischen Dialekt und seinem offenen Gesichtsausdruck sofort Vertrauen einflößt. Lernt man ihn näher kennen, merkt man schnell, dass sein selbstsicheres Auftreten auf einem umfassenden Wissen über Zutaten und moderne Fertigungstechnologien beruht. Papa Fernando wollte eigentlich, dass sein Sohn Ingenieur wird, und so hielt Mauro auch fünf Jahre an der Universität durch – um dann aber doch dem Vater unter die Arme zu greifen und das Geschäft von Grund auf zu modernisieren. »Ja, das stimmt! Inzwischen haben wir immer mehr als 20 verschiedene Geschmacksrichtungen im Sortiment – im Vergleich zu den vier vor 50 Jahren. Aber immer nur mit den besten, frischen Zutaten, die man auf dem Markt finden kann – im Sommer Melonen und Pfirsiche, im September Feigen. Aprikosen z. B. kann ich nur zwei Wochen lang verarbeiten«, berichtet Petrini.

Eine besondere Vorliebe hat er für Schokolade. Einmal jährlich organisiert er zusammen mit anderen, befreundeten Spezialisten für Speiseeis, wie Giancarlo Timballo aus Udine, Sergio Dondoli aus San Gimignano sowie Sergio Colalucci aus Nettuno – eine »Kakaowoche«, bei der sie rund 30 verschiedene Schokoladeneissorten präsentieren, mal mit Gewürzen, mal mit Likör oder Obst verfeinert. Das ist ein Fest für Groß und Klein. Besonders beliebt sind die Varianten mit Orange oder auch mit Peperoncino.

Heute liegt es Mauro Petrini sehr am Herzen, der italienischen Kunst der Eisherstellung wieder den Stellenwert zu verschaffen, der ihr gebührt: »Wir galten immer als ›die kleinen Brüder‹ der großen Küchenchefs und Konditormeister. Heute sind wir endlich auch auf internationalen Veranstaltungen vertreten. Außerdem entsteht eine Zusammenarbeit mit Restaurants, die unser Eis anbieten.« Seine neue Herausforderung? Salzige Eissorten. Mauro Petrini ist ein Beispiel dafür, dass die »kalte Kunst« nicht erstarrt ist, sondern sich immer wieder neu erfindet.

Gelateria Petrini

Rom

»Ich wurde in der Nachkriegszeit geboren, und wir Kinder wuchsen auf mit der in Staniolpapier eingewickelten Ferrero-Creme, dem Vorläufer von Nutella. Sie sah aus wie ein Stück Weichkäse, schmeckte aber natürlich viel köstlicher. Es war die einzige Süßigkeit, die es damals gab.«

Mauro Petrini

Zimt-Nutella-Eis auf flambierter Banane

»Dieses Dessert entstand aus einer Kombination von Nutella und Zimt, einem Gewürz, das ich gerne zum Aromatisieren von Schokolade verwende.«

für 4 Personen

für das Eis:
500 g Vollmilch
80 g Sahne
180 g NUTELLA®
100 g Zucker
3 Eigelb
1 Stange Zimt

für die flambierte Banane:
1 Banane
1 TL Butter
1 EL Zucker
Rum

In einer Schüssel die Eigelbe und den Zucker mit einem Schneebesen schaumig rühren. Die Milch mit der Zimtstange in einem kleinen Topf auf kleiner Flamme zum Sieden bringen. Vom Herd nehmen und ein paar Minuten ziehen lassen. Anschließend durchseihen, die Milch zu der Eiermasse gießen und so lange rühren, bis der Zucker aufgelöst ist. Die Sahne und nach und nach die Nutella-Creme in kleinen Portionen unterrühren. Mindestens 2 Stunden im Kühlschrank kalt stellen.

Die Masse in die Eismaschine geben und nach Bedienungsanleitung verarbeiten. Das fertige Eis in einen Behälter füllen und im Tiefkühlfach aufbewahren.

Banane schälen und in Scheiben schneiden. In einer kleinen Pfanne auf kleiner Flamme etwas Butter zerlassen. Wenn die Butter heiß ist, den Zucker dazugeben und vorsichtig die Bananenscheiben hineinlegen. Ein paar Minuten schmoren lassen, dann mit Rum übergießen und flambieren.

Auf jeden Teller 4 noch heiße Bananenscheiben legen, eine Kugel Nutella-Eis daraufsetzen, nach Belieben mit etwas Puderzucker bestäuben und servieren.

GIOVANNI PINA

Süße Therapie

Pasticceria Pina

Trescore Balneario (Bergamo))

»**S**chon der italienische Autor Giovanni Pascoli beschrieb in seinem Anfang des letzten Jahrhunderts erschienenen Werk *Il fanciullino (Der Knabe)*, das kleine Kind, das in jedem von uns steckt mit seinen Ängsten, seinen Tränen und seiner Freude.

Giovanni Pina, Konditormeister in Trescore Balneario, einem Thermalbad in der Nähe von Bergamo, wo sich seine Familie seit drei Generationen dem Bäckerhandwerk verschrieben hat, scheint es ähnlich ergangen zu sein. Er erzählt uns, wie er eines Tages als Student vor der Entscheidung stand, sein Medizinstudium mit der Fachrichtung Onkologie zu beenden oder in der Backstube seines Vaters Mario zu bleiben, wo schon Großvater Giovanni seit 1920 süße Leckereien herstellte. »Ich habe mir vorgestellt, wie ich hinter einem Chefarzt herspringe und um seine Anerkennung buhle. Ich habe mir dann gesagt, dass es doch viel schöner wäre, wenn ich den Menschen mit einem Kunstwerk aus Zucker Freude machen könnte, ihr Lächeln sehe, sehe, wie das Kind in ihnen strahlt – genau wie das schon Pascoli beschrieben hat.«

Giovanni Pina ist ein Mensch, der das Leben bei den Hörnern packt. Er hing das Medizinstudium kurzerhand an den Nagel und machte sich einen Namen als Konditormeister. Ausschlaggebend für seine Karriere war die Begegnung mit dem italienischen Star-Patissier Iginio Massari, der ihn mit viel Strenge, aber auch Zurückhaltung unter seine Fittiche nahm und in dessen Fußstapfen er 1999 als Vorsitzender der Akademie der italienischen Konditormeister trat. Heute vertritt er seine Berufskollegen auf Fachkongressen, Seminaren und Symposien. In seinem Geschäft arbeiten inzwischen neben seiner Schwester Lucia und Cousine Anita ein Dutzend Angestellte. »Das ist meine Arbeit, meine Freizeit, einfach alles. Ich könnte nie einen Acht-Stunden-Job in einem Büro machen, und aufs Wochenende warten, um in die Disco zu gehen oder irgendwelche Bastelarbeiten im Haus zu erledigen.«

Für seinen Traumberuf lernte Giovanni Pisa in den Küchen großer Starköche in Frankreich, Belgien, Deutschland und den USA. Vor den glühenden Backöfen sind dauerhafte Freundschaften entstanden, wie etwa mit Chicco Cerea, den er während seiner Zeit im New Yorker *Le Cirque* getroffen hatte.

Giovanni Pina »therapiert« seine Kunden inzwischen nicht mehr mit Antibiotika und Schmerzmitteln, sondern mit cremigen Kaffeestückchen, Plätzchen, Kuchen und Torten.

Zu seinen Zielen gehört aber auch, die Ausbildung in seinem Berufsstand zu institutionalisieren, der im Ansehen häufig noch – völlig zu Unrecht – hinter dem des Küchenchefs steht.

In Erinnerung an den Familiennamen seines Urgroßvaters »Ricciotti« bietet er in seinem Geschäft auch Feingebäck aus Maismehl an, das er in Anlehnung an die traditionellen *baci* (Küsse) Ba...Ciotti genannt hat. Sein Urgroßvater würde sich sicherlich freuen ...

»Ich denke an meine Kindheit und freue mich, wenn ich meine beiden Töchter mit Nutella-Broten sehe. Bei einem Konditormeister als Vater essen sie keine Supermarktprodukte, sondern nur Süßes aus eigener Herstellung. Nutella ist die einzige Ausnahme – und das wird auch so bleiben. Ich kann ihnen ja schließlich nicht ihre Freude verderben.«

Giovanni Pina

Strahlendes Lächeln

»Eine Torte, die ein Lächeln schenken will, mit einfachen Aromen und so wie früher. In ihr vereinen sich Zutaten mit ganz unterschiedlicher Konsistenz – weicher Biskuitteig, Nutella-Creme und Schokoladenstückchen.«

für **6** Personen

für den Kakao-Biskuitteig ohne Mehl:
120 g Eiweiß
80 g Zucker (für den Eischnee)
100 g Eigelb
80 g Zucker (für das Eigelb)
50 g Kakao

für die leichte Milchschokolade-
Nutella-Creme:
100 g Sahne
50 g NUTELLA®
50 g Milchschokolade
10 g Gelatine
70 g Schokoladentropfen

Eiweiß mit Zucker zu Schnee schlagen. In einer zweiten Schüssel die Eigelbe mit dem Zucker schaumig schlagen und unter den Eischnee ziehen. Zum Schluss den Kakao zugeben. Die fertige Masse gewichtsmäßig halbieren, jede Hälfte in eine Springform von 18 cm Durchmesser geben und glatt streichen. Der Tortenboden soll ca. 4 cm hoch sein. Bei 170 °C in 15 Minuten backen.

Gelatine in kaltem Wasser einweichen. Sahne auf 60 °C erhitzen und Nutella, Schokolade und Gelatine darin auflösen. Alles mit dem elektrischen Handrührer durcharbeiten. Den Boden eines Tortenrings von 18 cm Durchmesser mit Frischhaltefolie auskleiden, 300 g der Mischung hineinfüllen und im Kühlschrank kalt stellen. Mindestens 2 Stunden ruhen lassen, bis die Masse fest wird.

Die übrige Creme in eine Schüssel geben, mit Klarsichtfolie abdecken und 2 Stunden im Kühlschrank kalt stellen, bis sie fest wird.

Auf den Boden einer Springform von 18 cm Durchmesser und 3,5 cm Höhe eine Platte Kakao-Biskuitteig geben. Auf diese Unterlage die zuvor zubereitete Schicht Nutella-Schokoladencreme setzen, die Schokoladentropfen darüber verteilen und den zweiten Biskuitboden darauflegen. Die restliche, zuvor in die Schüssel gefüllte Creme kräftig aufschlagen, randhoch auf dem Biskuitboden verteilen und sorgfältig glatt streichen.

Die Torte mindestens 1 Stunde im Kühlschrank kalt stellen, den Rand der Springform lösen und die Torte nach Wunsch verzieren. Gut gekühlt, mit einer Temperatur von 5–6 °C servieren.

NICOLA UND PIERLUIGI PORTINARI

Eine Spur Gewagtheit

La Peca

Lonigo (Vicenza)

Zwischen Verona und Vicenza, zu Füßen der Colli Berici, liegt ein Ort namens Lonigo. Früher gab es dort eine Osteria, die von drei Schwestern geführt wurde. Heute sind es zwei Brüder, die sie übernommen haben: Nicola und Pierluigi Portinari. Die beiden waren noch nicht mal 30, als sie den Sprung in die Selbstständigkeit wagten, und 1988 kochten sie schon für den ganzen Ort. Sie nannten ihr neues Lokal *La Peca*, was im venezianischen Dialekt so viel heißt wie »Spur« oder »Abdruck«. Von da an verstanden alle bald, was gute Küche bedeutete.

Beim Festival der besten Küchenchefs 2005 in San Sebastián feierten die Brüder Portinari einen großen Erfolg mit ihrem Reis- und Garnelengericht, das als hervorragende Interpretation »italienischer Identität und italienischen Lebensgefühls« gelobt wurde, da sie »die interessanten geschmacklichen Nuancen in kühner Weise zum Ausdruck brachten«.

Nicola Portinari ist für die Küche, sein Bruder Pierluigi für das Restaurant verantwortlich – was Letzteren aber nicht hindert, gezielte Abstecher an den Herd zu machen und seine Passion für Desserts auszuleben. Die beiden sind der Ansicht, traditionelle Rezepte könnten durchaus überarbeitet werden, die geschmacklichen Komponenten sollten dabei aber original bleiben. Nicola, der bei Alain Ducasse gearbeitet hat, weiß, dass die Küche authentisch und gleichzeitig leicht sein

sollte – und Spuren im Gedächtnis, aber nicht auf gestressten Magennerven hinterlassen darf.

Und wenn die kundigen Frauen des Dorfes in der Umgebung Kräuter gesammelt haben, die sonst niemand findet, wechselt auch die Speisekarte des *La Peca,* und im ganzen Restaurant duftet es plötzlich nach diesen Stängeln und Blüten. Je nach Jahreszeit stehen auf der Karte auch frische Jungkartoffeln aus Rotzo oder die seltenen *zotoli*, winzige Tintenfische aus Chioggia.

Die Leidenschaft für beste Zutaten haben Nicola und Pierluigi von ihren Eltern geerbt. Vater Serafino führte eine gut gehende Metzgerei in Lonigo und wusste, wie man die besten Stücke aussucht; eine Tante im Piemont kochte zusammen mit der aus Kalabrien stammenden Schwiegermutter köstliche alte nord- und süditalienische Gerichte.

Desserts haben bei Pierluigi Portinari immer einen innovativen, modernen Touch: »Sie müssen einen sofortigen Genuss bieten, leicht sein und die verschiedenen authentischen Geschmacksnuancen voll zum Ausdruck bringen.«

Professionalität, Perfektion und Leidenschaft – an diesen Leitbildern orientieren sich die beiden Brüder, die ihre Arbeit mit so viel Hingabe erfüllen, wie sie heute sonst kaum noch zu finden ist. In der Küche etwas wagen, ja, aber bitteschön mit beiden Beinen fest auf der Erde bleiben.

>> Selbst heute noch mit fast 40 Jahren gönnen wir uns ab und zu einen Löffel Nutella. Unsere ganze Familie hat übrigens eine spezielle Art, die Nuss-Nugat-Creme zu genießen: auf einer Pizza, wenn wir in einem Restaurant essen gehen. <<

Nicola und Pierluigi Portinari

Karamellisierte Nutella-Tramezzini an Mandarinen-Pfeffer-Gelatine und Joghurt-Safran-Creme

»Fast wie das beliebte Nutella-Brot, nur ein bisschen exotischer.«

für **4** Personen

für die Tramezzini:
1 Kastenbrot oder entrindetes Toastbrot
250 g Sahne
250 g NUTELLA®
1 Ei
2 Eigelb
Puderzucker

für die Mandarinen-Gelatine:
200 g Mandarinensaft
20 g Zucker
10 schwarze Pfefferkörner
Schale einer unbehandelten Mandarine
3 g Gelatine

für die Joghurt-Safran-Creme:
250 g Joghurt
100 g Sahne
100 g Zucker
4 Eigelb
10 Safranfäden

In einer Schüssel Sahne, Nutella, das ganze Ei und die 2 Eigelb gut verschlagen und die Mischung 30 Minuten im Tiefkühlfach kalt stellen.

Eine 20 x 20 cm große und 3–4 cm hohe feuerfeste Form mit Frischhaltefolie auskleiden, damit die Zutaten nicht mit der Form in Berührung kommen. Den Boden der Form mit dem Kastenbrot auslegen, die Nutella-Masse aus dem Eisfach nehmen und darauf verstreichen. Eine zweite Schicht Brot darüberlegen.

Die »Torte« mit Frischhaltefolie abdecken. Bei 90 °C etwa 1 Stunde im Wasserbad garen, bis sie abstockt. Im Kühlschrank mindestens 3 Stunden abkühlen lassen, dann die Frischhaltefolie entfernen, in dreieckige Stücke schneiden, mit Puderzucker bestäuben und kurz unter den Grill legen, bis der Puderzucker karamellisiert.

Den gezuckerten Mandarinensaft in einen kleinen Topf gießen, auf 50 °C erhitzen, vom Feuer nehmen, Pfeffer und Mandarinenschale zugeben und etwa 1 Stunde ziehen lassen. Den Saft durch ein Sieb filtern, auf 40 °C erwärmen und die zuvor in kaltem Wasser eingeweichte und gut abgetropfte Gelatine darin auflösen. Die Mischung in eine etwa 2 cm hohe runde Form geben und im Kühlschrank erstarren lassen.

Inzwischen die Joghurt-Safran-Creme vorbereiten: Die Zutaten mit dem Rührbesen verschlagen und wie eine Englische Creme unter ständigem Rühren bei 85°C eindicken lassen.

Die dreieckigen Tramezzini aus der Form nehmen, auf jeden Dessertteller 1–2 Stücke verteilen, mit dreieckigen Mandarinen-Gelatine-Häufchen verzieren und mit 2–3 EL Joghurt-Safran-Creme dekorieren.

ROBERTO RINALDINI

Desserts wie Kunstwerke

Pasticceria Rinaldini

Rimini

Seine Kreationen aus Zucker, Schokolade und Früchten, gewürzt mit Honig und Likören, wird man nie vergessen. Es sind Preziosen der süßen Küche, die der Dessertkünstler wie auf einer Modenschau präsentiert. Köstlichkeiten, die man gar nicht zu kosten wagt, ausgestellt in einer kleinen »Boutique« mitten im lebhaften Zentrum Riminis.

Roberto Rinaldini wirkt ein wenig schüchtern mit seinem geheimnisvollen Blick, in dem eine Spur von Romantik liegt. Er ist der jüngste Konditormeister der berühmten italienschen Konditorenfachschule *Accademia Maestri Pasticceri Italiani* und hat sich rasch einen Namen gemacht. Er hat der »weißen Kunst« Glamour verliehen und präsentiert die Kollektionen, die er zusammen mit seinen Mitarbeitern und seiner Frau Nicole entwirft, wie Modelle auf einer Modenschau.

Nach zahlreichen Anerkennungen und Preisen in Barcelona, Lyon und in Luxemburg gewann Roberto Rinaldini zusammen mit seinen Kollegen Colalucci und Tonon 2006 den internationalen Wettbewerb der Eis-Patissiers. Er weiß, wo er hin will, und verfolgt sein Ziel unaufhaltbar. Er, der seinen Beruf mit Instinkt und Leidenschaft lebt, kann nichts Halbes akzeptieren. »Dieser Beruf ist mittlerweile mein Leben, ich liebe ihn in all seinen Facetten. Mein Ehrgeiz ist es, alles was ich in Angriff nehme,

gut und schön zu machen, und zwar auf innovative Weise.«

Eine Knöchelverletzung hatte seiner Volleyball-Karriere ein jähes Ende gesetzt, als er bereits in der zweiten Liga spielte. Sein Vater, Hotelier in Rivabella, stellte den damals 18-Jährigen vor die Entscheidung: Entweder suchst du dir jetzt eine vernünftige Arbeit, oder du wirst es im Leben zu nichts bringen! »Vielleicht hat unsere Volleyball-Mannschaft einen Champion verloren, aber ich habe dabei auf alle Fälle gewonnen. Ich entschloss mich zu einer Konditorlehre und ging meine neue Tätigkeit mit echtem Sportsgeist an: Ich wollte immer mein Bestes geben und um jeden Preis gewinnen.«

Und so war es auch. Als im Jahr 2000 das Hotel geschlossen wurde, verwandelte Roberto Rinaldini das Erdgeschoss in eine Backstube. »Wir arbeiten hier von fünf Uhr morgens bis acht Uhr abends, wir trainieren für internationale Wettbewerbe, und wir wollen wachsen und uns in die ganze Welt ausdehnen.«

Wie bei seinen Volleyball-Wettkämpfen will er gewinnen, schnell sein und sofort ein Ergebnis sehen – sei es die Torte »Schwarze Venus«, seine Lieblingskreation, für die er 1998 einen Preis erhielt, oder ein Kunstwerk aus Zucker, das er für japanische Kunden kreiert, oder seine Panettone, die er nach Russland exportiert.

>>In dem Wohnblock, in dem ich aufwuchs, lebte eine Tante, die mir nachmittags, wenn ich mit Freunden im Hof spielte, immer ein Nutella-Brot vom Balkon runterreichte. Bei uns Athleten war Nutella stets dabei, weil sie nämlich ein ausgezeichneter Energiespender ist.<<

Roberto Rinaldini

Piadina mit Nutella

»Wenn man von der Adriaküste bei Rimini spricht, denkt man automatisch auch an die »Piadina«. Ich habe sie in meinem Rezept mit Nutella gefüllt und den Brotteig mit Kakao angerührt, was besser zu der Nuss-Erdbeer-Füllung passt.«

für **4** Personen

für die Piadina:
500 g Mehl
15 g Kakaopulver
15 g NUTELLA®
5 g Zucker
10 g Salz
130 ml Olivenöl Extra Vergine
200 ml Wasser
5 g Backpulver

für die Füllung:
200 g NUTELLA®
150 g in Scheiben geschnittene frische Erdbeeren

Mehl, Backpulver und Kakao auf die Arbeitsfläche geben und mit etwas Wasser verkneten. Die restlichen Zutaten dazugeben und zu einem glatten, geschmeidigen Teig verarbeiten. Mit einem Tuch bedecken und etwa 30 Minuten ruhen lassen. Dann Kugeln von je ca. 90 g formen und mit dem Nudelholz zu runden Scheiben von etwa 25 cm Durchmesser ausrollen.

An der Adriaküste wird die Piadina jetzt auf einer runden Metallplatte, die man auf die Kochstelle legt, gebacken. Zu Hause kann man eine Eisenpfanne oder eine Crêpes-Platte verwenden. Die Piadine werden auf gleich bleibender Flamme 1 Minute auf jeder Seite gebacken; dabei den Teig vorher mit der Gabel einstechen, damit er nicht anbrennt.

Für die Füllung die Piadina auf ein Schneidebrett legen, mit einer Lage Nutella bestreichen und die in dünne Scheiben geschnittenen Erdbeeren darüberlegen. Eine zweite, noch warme Piadina daraufsetzen und in handliche Schnitten schneiden. Direkt auf dem Schneidebrett servieren.

NIKO ROMITO

Vom Studium zu den Sternen

»Kochen macht mir unheimlich Spaß – dabei lässt sich aus einem Produkt ein Gericht kreieren, das einen Menschen bewegt und ihm Freude macht. Die Arbeit eines Kochs ist äußerst verantwortungsvoll. Wir bereiten Sachen zu, die andere schlucken. Für mich ist aber das Wichtigste, wie man einen Gast empfängt. Und wenn meinem Gast das Essen gut geschmeckt hat, dann sehe ich das an seinen Augen.«

Niko Romito ist nicht rein zufällig zum Küchenchef geworden. Er hätte sein BWL-Studium, das er in Rom begonnen hatte, durchaus fortführen und in einem Büro anwenden können. Doch er kehrte in sein kleines, auf 1400 m Höhe gelegenes Dorf in den Abruzzen zurück, wo sein Vater Antonio als Konditormeister wirkte. Und dort sucht er immer noch nach dem Lächeln, das er auf den Gesichtern der Kunden seines Vaters sah, die sonntags stolz ihre Kuchenpäckchen nach Hause trugen. In diesem Umfeld entstand 1995 ein kleines Restaurant, das zu Ehren des königlichen Palazzo, in dem es untergebracht war, auf den Namen *Reale* getauft wurde.

Als der Vater starb, beschlossen Niko und seine Schwester Cristiana, den Familienbetrieb weiterzuführen. Anfangs taten sie das nur saisonweise und an den Wochenenden, denn nach Rivisondoli kamen die Leute nur im Sommer zum Wandern und im Winter zum Skifahren. Nachdem sie 2000 das Restaurant komplett renoviert und modernisiert hatten, ging es für sie steil bergauf. Mit knapp 30 Jahren war Niko Romito bereits in ganz Italien bekannt. Er selbst kann den Erfolg noch kaum fassen und schaut einen mit großen, überraschten Augen an, wenn er davon erzählt: »Meine Küche ist einfach, mit wenigen Zutaten. Ich will sie aber explosiv und gleichzeitig auch harmonisch.« Niko erinnert sich daran, wie er als Student eines Tages beschloss, in Rom einen Kochkurs zu besuchen. In der Kochschule eröffnete sich für ihn eine ganz neue Welt. Er begann, Kochbücher und Rezepte zu studieren, entwickelte immer mehr Interesse. Seine Ausbildungszeit verbrachte er in Restaurants, in denen man zwar noch Wert auf Tradition legte, die Zutaten aber etwas moderner und einfacher verarbeitete.

Das war eine Erfahrung, die heute noch die Speisekarte in Niko Romitos Restaurant prägt, auf der man Fleisch und Gemüse aus der Region findet, innovativ, aber ohne Schnörkel präsentiert. »Für jemanden, der wie ich bei Null angefangen hat, war das eine unerwartete Entwicklung. Plötzlich kamen so viele Journalisten zu uns. Erst mit der Zeit begriff ich, dass ihnen meine Gerichte zusagten.«

Niko Romito hält es auch nicht lange ohne sein Restaurant aus. Nach ein paar Tagen auf einem Kongress, bei dem er vielleicht ein schlichtes Huhn mit Kartoffeln und Paprika präsentiert, zieht es ihn wieder in seine bergige Heimat zurück. Ein neues Gericht zusammenzustellen ist für ihn ein kreativer Prozess, der im Kopf beginnt und auf der Zunge endet.

Reale

Rivisondoli (Aquila)

» Sonntagabends gab es bei uns immer das Nutella-Ritual. Ich durfte mich mit meinen Geschwistern zusammen an den Tisch setzen, und unsere Mutter brachte uns Brot und das Nutella-Glas. Uns Kindern kam es vor wie ein wertvoller Diamant. «

Niko Romito

Nutella, Brot und Fenchel

»Keine wirklich süße Nachspeise. Sie entstand aus meinen Kindheitserinnerungen – Brot mit Nutella –, und der Fenchel sorgt für etwas Frische. Seine pikante Note bildet einen schönen Kontrast zur süßen Creme, das knusprige Brot schafft die Verbindung, und erfrischendes Eis rundet das Ganze ab.«

für **4** Personen

400 g geputzter Fenchel
800 g Milch
100 g Schlagsahne
140 g Zucker
40 g Kastanienhonig
400 g NUTELLA®
250 g Wasser
½ Zimtstange
1 g gemahlener Sternanis
300 g altbackenes Holzofenbrot
Puderzucker
Schokoladenwaffel und
Trockenfrüchte zum Garnieren

Den gründlich geputzten, abgetrockneten und in grobe Stücke geschnittenen Fenchel in eine große Terrine geben. Die Milch aufkochen, über den Fenchel gießen und 12 Stunden lang an einem kühlen Ort ziehen lassen.

Die mit Fenchel aromatisierte Milch abseihen. In einem kleinen Topf auf ganz kleiner Flamme die Sahne erwärmen, Zucker und Honig dazugeben und mit einem Holzlöffel rühren, bis eine homogene Mischung entstanden ist. Die aromatisierte Milch unterrühren und in die Eismaschine füllen.

Das Wasser mit der Zimtstange und dem Sternanis zum Kochen bringen, vom Herd nehmen und ein paar Stunden ziehen lassen.

Vorsichtig nach und nach in die Nutella-Creme einrühren, bis sich eine sirupartige Soße bildet.

Das Brot in etwa 1 cm dicke Scheiben schneiden (am besten rechteckig), kurz toasten, mit Puderzucker bestäuben und im Ofen gratinieren. Danach in die Nutella-Soße tauchen.

Die restliche Nutella-Soße in vier tiefe Teller gießen, eine Scheibe Brot dazulegen und eine schöne Kugel Fencheleis daraufsetzen.

Mit einer Schokoladenwaffel und karamellisierten Trockenfrüchten garnieren.

ALFREDO RUSSO

Neuer Stil am Herd

Dolce Stil Novo

Ciriè (Turin)

»Dolce Stil Novo« – sanfter neuer Stil – heißt eine literarische Richtung, die Mitte des 14. Jahrhunderts zwischen Florenz und Bologna aufkam. Diesen ansprechenden Begriff hat Sternekoch Alfredo Russo als Namen für sein Feinschmeckerrestaurant gewählt. Er fühlt sich als Erneuerer der Kochkunst, auch wenn er, was die Zutaten angeht, in den Traditionen des Piemont verhaftet bleibt.

Wer im *Dolce Stil Novo* in Ciriè, wenige Kilometer vom Flughafen Turin entfernt, angekommen ist, fühlt sich sofort in der familiären Atmosphäre des Restaurants gut aufgehoben. Das ist nicht zuletzt Alfredo Russos Ehefrau Stefania zu verdanken. Herzlich begrüßt sie die Gäste, die, neugierig auf kulinarische Überraschungen, das Restaurant betreten.

Alfredo Russo, noch nicht ganz 40 Jahre alt und eher verschlossen, verliert nicht gerne viele Worte – lieber lässt er seine Kreationen für sich sprechen. Er ist fest davon überzeugt, dass die Küche eine »innere Konsequenz oder Motorik« besitzt, die stark mit den Zutaten und ihrer Zubereitung zusammenhängt. Sicher wäre er genauso Schneider oder Schreiner geworden, hätte er nicht schon in zartem Alter mit dem Kochen begonnen. Mittlerweile hat er die Gewohnheit entwickelt, seine Gerichte erst zu denken, bevor er sie realisiert. Manchmal ist aber auch noch etwas mehr dabei, eine spontane Entscheidung – wenn ihn eine Tomate mit ihrem Duft besonders anlacht oder ein fangfrischer Fisch in der richtigen Größe seine Fantasie in Gang setzt. Etwas überzeugt ihn in diesem Moment, sein Rezept spontan abzuändern – was seine japanischen Küchenhelfer, die an feste Abläufe gewohnt sind, jedes Mal enorm irritiert.

»Ich will mit meinen Kreationen natürlich auch ein bisschen Spaß und Freude vermitteln. Ich habe immer eine Überraschung für den Gast parat, und weil unsere Arbeit oft hart und schwierig ist, müssen wir sie mit einem Lächeln auf den Lippen verrichten. Wenn wir keinen Spaß haben, haben die Gäste auch keine Freude«, so der Mann mit den dunklen Augen, die seine apulische Herkunft verraten. Seine Küche ist Entwicklung, Bewegung, Leichtigkeit. Sie gehört zu Recht zur modernen italienischen Küche, die sich mittlerweile international behauptet.

Alfredo Russos eigentliche Leidenschaft sind jedoch die Desserts. In seinem Restaurant kann man sogar bis zu zehn in Folge degustieren, vom Vordessert über den eigentlichen Nachtisch und das Nachdessert bis hin zur kleinen Patisserie. Man merkt es den Köstlichkeiten an, dass hier jemand intensiv und auf angenehme Weise mit Zutaten, Aromen und vor allem schokoladigen Geschmacksnuancen gespielt hat. »Es sind eigentlich keine wirklich süßen Desserts. Sie basieren auf geschmacklichen Kontrasten und haben ihren eigenen Stil.« Und der wird immer wieder neu aufgelegt.

»Brot mit Nutella: Da erinnere ich mich noch an meine Kindheit in Turin, wenn ich im Hof mit Freunden spielte und meine Großmutter mich dann hoch rief, um mir ein Nutella-Brot zu überreichen. Auch meine 9-jährige Tochter Carlotta liebt die Nuss-Nugat-Creme, obwohl wir im Restaurant so viele süße Sachen haben.«

Alfredo Russo

Brot mit Nutella

»Ich habe mich bei meinem Rezept am klassischen Auftritt mit Brot orientiert, aber wie bei mir üblich, ein bisschen mit Konsistenz und Temperatur gespielt. Daher haben wir hier eine lauwarme, flüssige Nutella-Suppe mit einem Hauch Salz und einem säuerlichen Kontrast durch Zitrusfrüchte.«

für **4** Personen

für die Nutella-Suppe:
150 g NUTELLA®
450 g Milch

für die Erdnusscreme:
100 g gesalzene und geröstete Erdnüsse

für das Orangensorbet:
4 Blutorangen
2 Mandarinen
1 Zitrone
80 g Zucker
20 g Traubenzucker

Weißbrot
ein paar Tropfen Balsamico-Essig
1 EL Olivenöl Extra Vergine
1 Prise Meersalz

Erdnüsse in eine Silikonform geben und mit etwas Wasser aufgießen, bis sie gerade bedeckt sind. Dann mindestens 2 Stunden lang ins Eisfach stellen, bis die Masse zu einem festen Block gefroren ist.

Inzwischen das Orangensorbet vorbereiten: Zucker und Traubenzucker mit dem Saft der Zitrusfrüchte verrühren und zwei Stunden im Kühlschrank kalt stellen. Danach in die Eismaschine füllen und weiterverarbeiten.

Die Milch anwärmen, mit Nutella vermischen und 40 Minuten ziehen lassen. Den Erdnuss-Eisblock aus dem Tiefkühlfach nehmen, in kleinere Stücke brechen und in einem professionellen Pacojet-Gerät oder dem Stabmixer zu einer glatten, dicklichen Masse pürieren. In eine Schüssel geben.

Kurz vor dem Servieren das in kleine Würfel geschnittene Weißbrot in einer Pfanne mit Antihaftbeschichtung in etwas Olivenöl mit ein paar Körnchen Salz anrösten. Die Brotwürfel auf 4 tiefe Teller verteilen, je ein Klößchen vom weichen Sorbet daraufsetzen, mit ein paar Tropfen Balsamico-Essig verzieren und je 1 EL Erdnusscreme danebensetzen. Am Tisch mit lauwarmer Nutella-Soße aus der Sauciere übergießen.

PAOLO SACCHETTI

Süsse »Neue Welt«

**Pasticceria Caffè
Nuovo Mondo**

Prato

Die Geschichte begann auf dem Land, irgendwo zwischen Figline Valdarno, Sesto Fiorentino und Prato, wo ein kleiner Junge lebte, der immer gerne mit dem Gemüse aus dem Garten und den frischen Eiern »herumpanschte«. Der Junge musste aber etwas lernen, und so schickte ihn sein Vater, als er 16 war, nach Sesto Fiorentino in die Lehre. Drei Jahre lang lernte Paolo dort in der *Pasticceria Rinascita* das Konditorhandwerk. Die Geschichte fand ihr Happy End, als er 1989 eine eigene Konditorei im Zentrum Pratos eröffnet. Er nennt sie *Nuovo Mondo* (Neue Welt), und es sollte auch der Anfang einer neuen Ära für die ganzen italienischen Gebäckspezialitäten werden.

Die Rede ist von Paolo Sacchetti, dem heutigen Vizepräsidenten der *Accademia Maestri Pasticceri Italiani*, der renommierten italienischen Konditorenschule. Er ist ein lebenslustiger Mann, der kein Hehl aus seiner Leidenschaft für seinen Beruf macht, wenn er einen mit seinem offenen Gesichtsausdruck und einem Leuchten in den hellen Augen anstrahlt.

»Es waren lange Jahre harter Arbeit. Selbst jetzt stehen wir noch um fünf Uhr morgens auf und arbeiten bis acht Uhr abends, und das auch sonntags! Aber ich bin nicht einer der typischen Ladenbesitzer, die alles alleine machen wollen. Ich passe auf, was meine neun Mitarbeiter machen, aber ich persönlich stehe lieber vorne im Laden, wo auch meine Frau mitarbeitet. Ich möchte die Kunden beobachten, sehen, wie sie reagieren – ungefähr so, wie das heute die Küchenchefs machen, wenn sie sich zu ihren Gästen ins Lokal setzen.«

Paolo Sacchetti ist ein anspruchsvoller Chef. Er geht selbst auf den Markt und sucht das frische Obst für seine Konditorware persönlich aus. »Für mich, der ich auf dem Land groß geworden bin, sind Eier, Milch, Kirschen, Aprikosen ganz wertvolle Güter, die ich mit meinen Kreationen auch entsprechend würdigen will. Bei mir im Laden findet man daher kein Dessert, das nicht der Jahreszeit entspricht.« Das wissen auch die Einwohner von Prato, für die der Besuch in Paolo Sacchettis Café schon obligatorisch ist.

Sein berufliches Engagement an der *Accademia* ähnelt dem seiner zahlreichen anderen Kollegen dort. Man trifft sich zweimal im Jahr, um die Kreationen der »Konkurrenz« zu probieren und tauscht sich dann in einer fachlichen Diskussion darüber aus, wobei man mit aller Bescheidenheit auch mal die Kritik des einen oder anderen Berufsgenossen einsteckt.

Paolo Sacchetti liest gerne, studiert die Werke der großen Konditormeister und Patissiers. Er will der Tradition treu bleiben, sich ihr aber nicht unterwerfen.

Sacchettis Geschichte erinnert an ein Filmprojekt des italienischen Regisseurs Nanni Moretti. Wie der im Film beschriebene junge Konditor im Italien der Fünfzigerjahre kaufte sich auch der junge Paolo von seinem ersten Lehrgeld, das er in der *Pasticceria* verdiente, eine Vespa. Damit fuhr Paolo Sacchetti geradewegs in die süße »Neue Welt« der Patisserie.

»Es war gleichzeitig Frühstück und Pausenbrot. Nachdem ich der Benjamin der Familie war, konnte ich mir so viel Nutella aufs Brot streichen, wie ich wollte. Und heute sagt mir mein Sohn Andrea immer klipp und klar, dass er Brot nur mit Nutella will.**«**

Paolo Sacchetti

Birnen-Clafoutis mit Nutella

»Ich wollte einem klassischen französischen Auflaufrezept treu

bleiben, das mich an meine Kindheit auf dem Bauernhof erinnert.

Mit Birnen und Nutella darauf passt es auch ausgezeichnet zum

Nachmittagskaffee.«

für **6** Personen

2 Williamsbirnen
180 g NUTELLA®

für den Teig:
50 g Puderzucker
75 g Butter
120 g Mehl
1 Eigelb
½ Vanilleschote
geriebene Schale von einer Bio-Orange
1 Prise Salz

für die Füllung:
2 Eier
80 g Zucker
250 g Schlagsahne

Butter und Puderzucker kurz verrühren, cann nach und nach Salz, das ausgekratzte Vanillemark und die geriebene Orangenschale dazugeben. Das Eigelb gut unterrühren, das Mehl einrieseln lassen, und alles rasch zu einem glatten, geschmeidigen Teig verarbeiten.

Den Teig in eine Frischhaltefolie wickeln und über Nacht im Kühlschrank ruhen lassen, damit die Zutaten ihr Aroma entfalten können. Dann den Teig zu einer runden Platte ausrollen und in eine ca. 3 cm hohe Tortenform von 22 cm Durchmesser legen. Den Rand hochziehen.

Zwei schöne reife Williamsbirnen von je 180–200 g schälen und in 12 längliche, dünne Scheiben schneiden. Die Scheiben strahlenförmig auf dem Teig auslegen.

Für die Füllung Eier und Zucker verschlagen, die Sahne unterrühren, noch mal durchschlagen und die Masse über die Birnen gießen, bis die Form randhoch gefüllt ist.

Bei 180 °C ca. 30 Minuten backen. Noch lauwarm aus der Form lösen und mit Nutella bestreichen.

VITTORIO SANTORO

Gelernt ist gelernt

Cast Alimenti

Brescia

Man muss die *Tangenziale*, die Umgehungsstraße von Brescia nehmen und in Richtung Gewerbegebiet fahren, bis man auf eine große Halle stößt, um zu begreifen, wer Vittorio Santoro wirklich ist. Hier hat er wahrhaftig sein Herzblut hineingesteckt. Aus diesen Räumlichkeiten – den Lehrsälen mit den blitzblank polierten Tischen, der mit Videoschirmen bestückten Aula, den mit modernsten Herden und Kühlbanken ausgestatteten Küchen – ist seit 1997 die Crème de la Crème der italienischen Kochkunst hervorgegangen: Küchenchefs, Konditormeister, Chocolatiers und auch Pizzabäcker und Barkeeper.

Und so sind in den mehr als zehn Jahren seines Bestehens gut 10 000 Studenten durch die Lehrsäle dieses Instituts gezogen, junge Auszubildende ebenso wie bekannte Meister ihres Fachs, die sich hier auf der Suche nach neuesten Erkenntnissen im Bereich Lebensmittelkunst, -wissenschaft und -technologie weiterbilden wollten. Vittorio Santoro ist einer der typischen Süditaliener, die Anfang der Sechziger blutjung nach Mailand kamen und dort ihr Glück versuchten. Er fand Aufnahme bei seinen Brüdern, die schon ein paar Jahre zuvor dort eine hübsche Konditorei eröffnet hatten. In den Augen des damals 17-Jährigen stellten die Schaufenster mit all den Köstlichkeiten der Firmen Motta und Alemagna eine unwiderstehliche Versuchung dar – eine Herausforderung zu lernen, sich weiterzubilden und ganz an die Spitze zu wollen. Dann folgte eine Arbeits-

phase in London, und das brachte die Möglichkeit, alleine weiterzumachen – Ausbildungen, Treffen, internationale Kongresse. Aber dieses Konzept einer Schule für hohe Konditorkunst musste erst noch auf die Beine gestellt werden, und es brauchte jemanden, der es vermitteln konnte, nicht nur an bereits etablierte Profis, sondern auch an Auszubildende, die auf der Suche nach einem Beruf waren.

Die Umsetzung lag fast ausschließlich in den Händen Santoros. Von da an musste er die Eigenständigkeit seiner Backstube und sein Privatleben fast komplett aufgeben und sich ganz dem Unterricht verschreiben. Aber das zahlte sich aus, da er auf diese Weise einem Berufsbild, das dringend eine Renovierung brauchte, mehr Professionalität und Qualität verlieh.

»Ich hatte die Möglichkeit, enorm viele französische, deutsche, Schweizer und englische Küchenchefs und Konditormeister kennenzulernen. Früher war die ›Hohe Schule‹ unseres Metiers fest in der Hand der Franzosen, heute haben auch wir Italiener ein Wörtchen mitzureden.«

Vittorio Santoro bringt alles, was er sagt, mit Ernsthaftigkeit und Leidenschaft rüber – auch wenn er sich an seine Schüler wendet. »In unserem Beruf kann man sich nicht auf Intuition oder spontane Einfälle verlassen. Wir brauchen solide Grundkenntnisse, eine kontinuierliche Fort- und Weiterbildung und fundierte Kenntnisse in Sachen Ernährungs- und Lebensmittelwissenschaften, was unseren Kunden dann im Endprodukt zugutekommt.«

»Kein Sonntag ohne Nutella-Dessert! Für uns sechs Geschwister, fünf Brüder und eine Schwester, war Nutella ein echtes Fest, vor allem mit unserem frisch gebackenen apulischen Brot, das so unvergleichlich duftete.«

Vittorio Santoro

Vittorios Verführung

»Die Besonderheit dieses Desserts liegt im süß-salzigen

Geschmack des Haselnusskrokants, der die lockere, leicht

säuerliche Mascarpone-Mousse besonders hervorhebt, in seiner

samtigen Weichheit und dem abgerundeten Geschmack.«

für 10 Personen

für die Mascarpone-Mousse
250 g Mascarpone
150 g halbfest geschlagene Sahne
150 g italienisches Baiser
(wird aus 150 g Zucker, 90 g Eiweiß, 45 g
Wasser zubereitet)

für die Nutella-Maroni-Trüffel:
125 g glacierte Kastanien (unter fließendem
Wasser gespült, getrocknet und durch die
Kartoffelpresse gedrückt)
30 g weiche Butter
40 g NUTELLA®
15 g Cognac X.O.

für die Nutella-Creme:
300 g Englische Creme
250 g halbfest geschlagene Sahne
170 g NUTELLA®
10 g Gelatine

für den Haselnusskrokant:
25 g Salz
20 g Eiweiß
250 g Haselnussbruch (von gerösteten
und geschälten Haselnüssen)
20 g Butter
250 g Zucker
200 g Glukosesirup (aus der Apotheke)
oder statt 250 g Zucker und 200 g Glukosesirup 450 g Puderzucker nehmen

Zunächst das italienische Baiser vorbereiten: Wasser und Zucker auf 121°C erhitzen, dann in dünnem Strahl über das sehr fest geschlagene Eiweiß gießen und unter langsamem Rühren abkühlen lassen. Mascarpone cremig verrühren und abwechselnd löffelweise den italienischen Baiserschaum und die halbfest geschlagene Sahne unterziehen. Cognac mit Kastanienpüree, der weichen Butter und Nutella zu einer glatten Masse mittlerer Konsistenz verrühren. Kalt stellen, dann zu kleinen Trüffeln von je 1–2 g formen (evtl. mit dem Spritzbeutel).

Englische Creme aus 400 g Sahne, 150 g Milch, 150 g Eigelb, 100 g Zucker und ¼ Vanilleschote zubereiten: Milch mit Sahne und Vanilleschote aufkochen. Eigelbe und Zucker schaumig schlagen, nach und nach die heiße Milch zugeben und unter ständigem Schlagen mit dem Schneebesen auf 85 °C erhitzen. Eingeweichte Gelatine gut ausdrücken, unter die lauwarme Englische Creme rühren, dann Nutella und die halbfest geschlagene Sahne zugeben.

Den Haselnussbruch in eine Schüssel geben und mit Eischnee und Salz vermischen. Die Masse auf ein Backblech streichen und entweder bei 50 °C über Nacht oder bei 110 °C in 1 Stunde trocknen. Aus Zucker und Glukose oder nur aus Puderzucker einen wasserlosen Karamell anrühren, dazu beides auf kleiner Flamme unter gelegentlichem Rühren zum Schmelzen bringen. In diesen hellen Karamell dann den zuvor auf etwa 70 °C erhitzten Haselnussbruch einrühren. Auf dem Feuer so lange verrühren, bis der Nusskaramell eine schöne goldene Farbe hat. Vom Herd nehmen, die Butter dazugeben und den Nusskaramell auf einer Silikonunterlage oder auf einer mit Butter eingefetteten Marmorplatte etwa ½ cm dick ausrollen. Wenn die Masse trocken und hart ist, in mittelgroße Stücke brechen.

In ein Tumbler-Glas zunächst eine Schicht Mascarpone-Mousse einfüllen. Etwas Nusskaramell und die kleinen Nutella-Kastanien-Trüffel darübergeben und mit der Nutella-Creme auffüllen. Mit dem restlichen Nusskaramell garnieren.

BARBARA UND DAVIDE SCABIN

Genie und Bodenhaftung

Combal.zero

Castello di Rivoli
Rivoli (Turin)

Sie sind wie Eule und Lerche. Er das Genie der Nacht, sie die Frische des Morgens, die unermüdliche Stütze des Bruders in einer »kulinarischen Werkstatt« im Schatten eines uralten Schlosses, in dem ein Museum für zeitgenössische Kunst untergebracht ist. Eine bessere Lokalität hätte es für Davide und Barbara Scabin nicht geben können. Beide sind Seele und treibende Kraft eines Restaurants, das so mancher Kritiker schon als »Lunapark für Feinschmecker« bezeichnet hat, einer Werkstatt, in der »Kochprojekte« entworfen werden. Das erscheint auf den ersten Blick fast wie ein Widerspruch bei einem Koch, der für seine künstlerischen Kreationen berühmt ist, aber Scabin ist der Ansicht, dass eine Küche mit 20 Mitarbeitern eine perfekte Organisation braucht, um Tag für Tag Höchstleistung bringen zu können.

Davide entwirft, und Barbara organisiert. Davide kreiert, und Barbara setzt um. Davide hatte zunächst die Hotelfachschule durchlaufen, dann mehrere Etappen als Küchenchef verschiedener Restaurants im Piemont hinter sich gebracht, bevor er seinen eigenen Gourmet-Tempel eröffnete. Barbara hatte ein Kunstgymnasium besucht, wurde aber bald vom Kochabenteuer ihres Bruders angesteckt. Davide ist das Genie; Barbara steht mit beiden Beinen auf dem Boden. Beide erklären sie: »Ein Gericht zu entwerfen ist für uns nicht nur eine Form der Ästhetik, eine Art zu sagen, auch das Auge will mitessen. Bevor ein Gericht abgesegnet wird, setzen wir uns an einen Tisch und schauen es genauso an, als wären wir Gäste unseres Restaurants.«

Davide Scabins Karriere als Koch begann 1993 im *Al Combal* in Almese vor den Toren Turins, aus dem 2002 das jetzige *Combal.zero* entstand. Seine »Premiere in der Küche« feierte Scabin allerdings schon am 5. Februar 1980 im *Galantom* in Fiano Torinese. In dem minimalistisch-nobel eingerichteten Raum neben dem Castello di Rivoli ist jede Überraschung möglich, z. B. ein Degustationsmenü mit 14 verbüffenden Gängen, von den Cybereggs bis hin zum Piola Kit, einem traditionellen Piemonteser Abendessen, oder einer Veranstaltung für hundert Personen. »Wenn ich morgens aufstehe, kann ich nicht immer den gleichen Trott vor mir haben.«

Er hat sich der »Diktatur der Region«, wie er es nennt, widersetzt und will lieber seltene Zutaten – einen bestimmten Käse, eine Austernart, ein Öl – mit seinen ausstellungsreifen Kreationen ins rechte Licht rücken. Er träumt von einem noch exklusiveren Restaurant: einem Würfel mit nur einem großen Tisch, an dem der Koch die Speisen direkt vor seinen Gästen zubereitet. Er dringt immer gerne in neue Bereiche vor, er möchte Designerkochen lehren und sucht gleichzeitig nach der Einfachheit. Er will die Anordnung der Gerichte mit Barbara diskutieren und die Kochkunst industrialisieren, die neue italienische Küche Regelungen unterwerfen und sie gleichzeitig durchbrechen. »In meinem Lokal sagt man nicht: Dieses Gericht ist gut gelungen. Man sagt: Ich habe es so kreiert.«

»Davide: Ich habe eine spezielle Art, Nutella zu essen: Ich baue kleine Sandwichs aus salzigen Crackern mit dicker Nutella-Schicht und tauche sie in den Milchkaffee ein, der eine bestimmte Temperatur haben muss – ein Traum!

Barbara: Sie schmeckt auch auf vielerlei andere Arten gut, z. B. auf der Polenta vom Vortag.«

Barbara und Davide Scabin

Toast mit Nutella und Tomate

»Auf der Basis von Brot und Nutella entstand ein Gericht, in dem Olivenöl, Pfeffer und die Tomate mit ihrer Säure einen ansprechenden Kontrast zur Süße des Parfaits bilden. Der Toast ist ein idealer Vermittler zwischen den Gegensätzen.«

für **4** Personen

für das Parfait:
250 g NUTELLA®
60 g Eiweiß
100 g Zucker
50 g Schlagsahne

für den Toast:
4 Scheiben Kastenbrot
Olivenöl Extra Vergine
1 Prise grobkörniges Salz
1 Prise schwarzer Pfeffer

für das Tomatenkernragout
mit Orange und Basilikum:
2–3 mittelgroße Tomaten
30 g gefilterter Orangensaft
nicht zu intensives Olivenöl Extra Vergine
4 Basilikumblätter
grobes Salz
schwarzer Pfeffer

Eiweiß mit Zucker verrühren. Die Masse im Wasserbad auf 60 °C erhitzen, dann in der Küchenmaschine verschlagen, bis sie auf etwa 30 °C (handwarm) abgekühlt ist. Das ergibt eine Basis-Baisermischung.

Nutella in einem Topf bei niedriger Temperatur zum Schmelzen bringen. Vom Herd nehmen und die leicht geschlagene Sahne unterziehen.
Beide Mischungen mit einer Kuchenpalette vorsichtig durchrühren.

4 runde Edelstahlformen von je 6 cm Durchmesser und 2,5 cm Randhöhe mit Backpapier auskleiden und das Parfait einfüllen. Sofort auf −18 °C einfrieren. Zum Anrichten dann kurz vor dem Servieren ein paar Minuten bei Zimmertemperatur stehen lassen.

Nun das Brot zubereiten: Zuerst die äußere Kruste entfernen, dann mit einem Teigrädchen Scheiben von 6 cm Durchmesser (der gleiche Durchmesser wie die Parfait-Formen) ausschneiden. Jede Brotscheibe kurz in einer heißen Pfanne mit etwas Olivenöl anrösten, zum Schluss leicht salzen und pfeffern.

Tomaten waschen und halbieren. Mit einem Teelöffel das weiche Innere mit den Samen herausholen und in eine Schüssel füllen. Den gefilterten Orangensaft und zwei mit den Fingern zerpflückte Basilikumblätter dazugeben, gut verrühren und mit etwas Salz, Pfeffer und Olivenöl abschmecken. Sollten die Tomaten zu säuerlich sein, kann man das mit etwas Zucker korrigieren.

Die Parfaits aus den Förmchen lösen, und je ein Parfait zwischen zwei noch heiße Toastscheiben schieben. In einen tiefen Teller zuerst Tomatenkernragout geben und den Nutella-Toast dann daraufbetten. Mit dem restlichen Saft garnieren, ein paar fein geschnittene Streifen Basilikum darübergeben und sofort servieren.

EMANUELE SCARELLO

Schon immer unter Freunden

Agli amici

Godia bei Udine

»Mein Ur-Urgroßvater hatte vom König die Lizenz erhalten für die Schenke, die 1920 eröffnet wurde. In der Zeit nach dem Zweiten Weltkrieg war dies das einzige Lokal mit Fernseher. Irgendwann im Jahr 1964 entschlossen sich mein Vater Tino und meine Mutter Ivonne, die Bar in ein Restaurant umzuwandeln und eröffneten die Trattoria *Agli amici*.«

Acht Jahre danach wurde Emanuele Scarello geboren, der in dritter Generation das Haus in Godia weiterführen sollte. Zusammen mit seiner Schwester Michela, die neben der Hotelfachschule auch ein Sprachenstudium abgeschlossen hat, renovierte er die alte Trattoria einschließlich der Küche von Grund auf.

Nach seiner Ausbildung an der Hotelfachschule ging Emanuele nach Spanien, Österreich und Frankreich. Er bildete sich weiter, lernte neue Kochtechniken und übernahm 1997 zusammen mit seiner Schwester den Familienbetrieb, er als Küchenchef und sie als Restaurantchefin – und über allem wachte Mutter Ivonne mit strengem Blick. Der erste Stern aus Frankreich kam 2000. Das Lokal wandelte sich zu einem noblen Feinschmeckerrestaurant, heute der ersten Adresse in der gesamten Region Friuli Venezia Giulia.

Will man wissen, was für ein Mensch Emanuele Scarello ist, so muss man warten, bis er mit seinem Küchendienst fertig ist und aus der mit den Unterschriften bedeutender Gäste verzierten Tür kommt, um sich an einen der Tische zu setzen. Und wenn man ihn dann nach seiner »Philosophie« fragt, erklärt er sie gern: »Ein paar Wochen lang hatten wir hier den zweiten Küchenchef von Tony Mei, einen Top-Koch aus New York, zu Besuch. Eines Tages begleitete er mich auf meiner morgendlichen Runde, zuerst zur Mühle, um ein bestimmtes handgemahlenes Mehl zu kaufen, dann zu einem kleinen Käsehersteller für die Ricotta. Auf dem Rückweg ins Restaurant schaute er mich an und fragte: ›Sorry, aber wo bleibt das Business, woran verdient ihr eigentlich?‹ Und genau das ist es – jeden Morgen aufstehen und sich auf die Suche machen nach guten Zutaten für die Küche.«

Wer glaubt, dass Emanuele Scarello bei Polenta oder Frico, dem traditionellen Törtchen aus dem Friaul aus Kartoffeln, Käse und Zwiebeln stehen geblieben ist, täuscht sich gewaltig. Der Küchenspezialist Scarello spielt mit Gelatine, Gegensätzen von heiß und kalt und zaubert stets Überraschungen auf den Teller. Seine Küche wirkt spielerisch und erobert ebenso spielerisch die Geschmacksnerven seiner Gäste. Er braucht keine beeindruckenden technischen Hilfsmittel, er spreizt sich nicht mit intellektuellen Höhenflügen. Scarello hat seine zwischen Meer, Ebene und den Bergen gelegene Heimat, die ihm Glück gebracht hat, und ihre traditionellen Produkte nicht vergessen. Er ist stolz darauf, und er versteht es, sie mit heiterem Elan zu verarbeiten. Gastfreundschaft ist ihm ein großes Anliegen. Man bleibt unter Freunden.

» Wir sind mit Nutella groß geworden. Ab und zu schlecken wir heute noch abends einen Löffel davon. Auch meine Frau Flavia konnte während der Schwangerschaft nicht widerstehen und meinte: ›Wetten, dass unser Kleiner auch mal süchtig nach Nutella wird!‹ Und genauso war es. «

Emanuele Scarello

Nutella und Grissini

»Hier schlug bei mir die Erinnerung an meine Kindheit durch:

die Berge von Grissini, die ich immer ins Nutella-Glas tauchte.

Olivenöl-Salz-Grissini machen die Leckerei von einst etwas

zeitgemäßer.«

für **4** Personen

300 g NUTELLA®
150 g Wasser
3 g Agar-Agar
8 zerbröckelte Olivenöl-Salz-Grissini
250 g Olivenöl Extra Vergine
2 g Reinlezithin (zu beziehen per Internet)
Meersalz

Agar-Agar im Wasser einweichen und auf 85 °C erhitzen, Nutella unterrühren und zum Kochen bringen. Die Masse auf ein Blech gießen und zu einer möglichst dünnen Schicht verstreichen. Erkalten lassen.

Anschließend mit einem runden Teigausstecher von 6 cm Durchmesser Taler aus dem »Teig« ausstechen, eine kleine Menge Grissinibruch in die Mitte setzen und einen zweiten Teigtaler daraufsetzen, rundum andrücken. Öl erhitzen, Lezithin dazugeben und beides zu einem luftigen Schaum aufschlagen.

Zum Anrichten drei Nutella-»Ravioli« in die Mitte des Tellers setzen, mit einem Löffel »Ölschaum«garnieren und ein paar Körnchen Salz darüberstreuen.

MAURO ULIASSI

Liebe auf den ersten Blick

Uliassi cucina di mare

Senigallia

Die elegante Dame am Tisch nebenan hat vor sich eine Tellergarnitur aus Adlerfisch und Seeigel – eine gefrorene Köstlichkeit mit purem Meeresfrüchtegeschmack. Als sie einen Bissen des kleinen Konzentrats probiert, verdreht sie die Augen und haucht mit verzücktem Gesichtsausdruck: »Unbeschreiblich – himmlisch.« Ihr Mann wirft ihr einen fragenden Blick zu.

Filmreife Szenen wie diese können in dem Restaurant in Senigallia durchaus vorkommen. In der Küche steht der Schöpfer dieser himmlischen Speisen, ein flotter Typ mit leichtem Schlafzimmerblick und Schmalzlocke und dem typischen Akzent aus den Marken. Er ist keine überzogene Romanfigur, sondern leibt und lebt wahrhaftig: Mauro Uliassi ist ein Eroberer – zumindest mit seiner Küche. Und zwar im wahrsten Sinne des Wortes.

Mauro ist aus Liebe Koch geworden, als er bereits eine Fahrkarte nach Paris in der Tasche hatte, wo der große Pierre Hermé auf ihn wartete, um ihn bei Fauchon, dem damals heiligsten Gastronomietempel der Franzosen einzuführen. Es war 1983. Mauro, der Disco-Typ, der Beachboy, wollte in die Geheimnisse der Küche einsteigen. Im Sommer hatte er bereits in den Restaurants an der Adriaküste gejobbt, die ihren Gästen den üblichen Grillteller servieren, und ansonsten studierte er Soziologie. Eines Tages hatte er an der Universität eine Soziologin getroffen – es war Liebe auf den ersten Blick. Unsterblich verliebte er sich, und um sie zu erobern, bereitete er eine

Art Dinner zu. Zwei Tage lang gab er verzweifelt sein Bestes, aber der Aufwand lohnte sich, denn die nette Soziologin erhörte ihn, und damit war Paris vergessen. Die beiden heirateten. Ein paar Jahre später, 1990, eröffnete er sein Restaurant Uliassi, das ihn international bekannt machen sollte. Aber nicht zusammen mit seiner Frau, die weiterhin als Soziologin tätig ist, sondern mit seiner attraktiven Schwester Katia, die für den Restaurantbetrieb zuständig ist.

»Ich koche, weil ich verliebt bin«, gesteht Uliassi. » Ich bin verliebt in die Gäste, die zu uns kommen, ich will sie mit meinen Kreationen erobern – mit meinen Helfern in der Küche, die selbstständig denken können und wie ein großes Orchester zusammenarbeiten. Ich will damit sagen, dass der Küchenchef eigentlich nur die Spitze des Eisbergs ist.« Er erinnert sich noch an die Anfänge: »In meiner Familie gibt es mütterlicherseits drei Generationen Köche. Mein Vater Franco unterstützte mich am Anfang. Seitdem habe ich in dieses Restaurant investiert, ich habe mich informiert, und ich kommuniziere mit meinen Gerichten – so mache ich's eben.« Und seine erste Regel beim Kochen lautet: keine Klischees, keine festen Vorstellungen. »Damit meine ich: nicht einfach kalt/warm, süß/sauer oder Vorspeise/Hauptgericht/Dessert. Und dabei helfen unsere hervorragenden Produkte aus der Landwirtschaft und aus dem Meer.«

Ein Menü ist im Uliassi immer erst eine Überraschung und dann eine Offenbarung.

>> Es war schon fast ein Ritual. Wir gingen nachts nach einem Lokalbesuch immer noch mit einem Nutella-Glas bewaffnet an den Strand. Heute schmeckt mir Nutella nur noch mit Crackern, und da zähle ich die Löffel nicht mehr. **<<**

Mauro Uliassi

Waffel mit Entenleber zu Kir Royal

»Die Waffel muss man zusammen mit diesem starken, intensiven Cocktail genießen – und den Cocktail dabei am besten ex trinken. Ich kann nicht sagen, ob die Nutella-Waffel jetzt ein Dessert oder eher ein Snack ist oder beides. Auf alle Fälle verführt sie den Gaumen auf köstlichste Weise.«

ergibt **15** Waffeln

50 g Haselnusspüree
25 g NUTELLA®
25 g Haselnuss-Praliné-Creme
25 g Butter
200 g Entenstopfleber
10 g weißes Trüffelöl
Waffelzuschnitte (erhältlich beim Konditoreibedarf)
Salz

Balsamico-Essig
Maldon-Salz oder grobes Salz

2 cl Champagner
3 Tropfen Cassis

Die Entenstopfleber in der Pfanne anbraten, abkühlen lassen und mit Nutella, Praliné, Haselnusspaste und Trüffelöl in der Küchenmaschine pürieren.

Die Mischung mit dem Stabmixer im eiskalten Wasserbad aufschlagen, in eine rechteckige, 25 x 17,5 cm große und 3 mm hohe Form füllen und sofort einfrieren.

In der Zwischenzeit dünne, 2,5 x 5 cm große Waffelscheiben von den Waffelzuschnitten abschneiden.

Die gefrorene Masse aus dem Gefrierer nehmen und zu Rechtecken in der Größe der Waffelplatten schneiden.

Aus 3 Waffelplatten und 2 Lagen tiefgefrorener Füllung dann den Snack zusammensetzen. Mit ein paar Tropfen Balsamico garnieren. Etwas Maldon-Salz darüberstreuen und zusammen mit dem Glas Kir Royal servieren.

Für den Kir Royal drei Tropfen Cassis in ein kleines Grappa-Glas geben und zwei Finger hoch mit Champagner auffüllen.

ANDREA ZANIN

Erfolg in Venedig

Pasticceria Zanin

Mestre, Venedig

Venedig ist die Stadt der Kaufleute, des Karnevals und der süßen venezianischen Spezialitäten, die man heute noch in den Gassen und auf den kleinen Plätzen Venedigs findet: der *bussolai*, *zaleti*, *pinza* und *fritöe*. Einer dieser »Spezialitätenkünstler« hat sich einen besonderen Namen gemacht. Er ist Vertreter einer Familie, die in Mestre seit 1967 für ihre süßen Naschereien bekannt ist und inzwischen die gesamte Lagunenstadt erobert hat.

Andrea Zanin ist der unbestrittene »Doge« unter ihnen, ein junger, erfolgreicher Unternehmer, der eine steile Karriere hingelegt hat, seit er 1986 die Leitung des Familienbetriebs übernahm. Bisherige Krönung seiner Karriere war die Berufung in den internationalen Konditorenverband *Relais Dessert* als einer der wenigen Italiener neben Iginio Massari. Seit Jahren ist er Mitglied in der renommierten *Accademia Maestri Pasticceri Italiani* und hat zahlreiche Preise und Auszeichnungen erhalten. So wurde er unter anderem im November 2005 im Rahmen eines Symposiums, das die Akademie in Pollenzo di Bra abhielt, zum »Konditor des Jahres« gekürt. Zu seinen weiteren Leistungen zählt das Catering für besondere Veranstaltungen, wie etwa zur Eröffnung der Biennale von Venedig sowie im Palazzo Grassi. Zanin ist ein stets gut gelaunter, jovialer Mann mit einem ansteckenden Lachen. Als echter venezianischer Kaufmann genießt er seinen beruflichen Erfolg. Aber der Geschäftsmann hat auch eine Seele. »Wenn man wie ich 15–16 Stunden am Tag arbeitet, muss man eine große Passion für seinen Job mitbringen. Was mir so viel Freude an meiner Arbeit macht, ist die Tatsache, dass ich mit meinen Kreationen anderen Menschen positive Momente geben kann. Nachdem zu meinem beruflichen Werdegang auch einiges an Küchenerfahrung gehört, bin ich inzwischen überzeugt, dass die Grenzen zwischen Küchenchef und Konditor immer mehr verschwimmen.«

Immer mehr Köche werden heute Konditoren oder umgekehrt. Die in der französischen Nouvelle Cuisine entstandenen Tellerdesserts, auch dekorativ in Gläsern angerichtete Süßspeisen sind heute bereits beim Konditor zu finden. »Wenn ich koche, gehe ich mit der gleichen Präzision vor wie bei meiner Konditorarbeit. Ich hatte ein schönes Erlebnis in Dubai, als ich als einziger Italiener zu einem Live cooking eingeladen war und feststellen musste, dass unser Beruf international große Anerkennung findet. In Italien ist das leider noch nicht so.«

Mit seinen lachenden Augen, aus denen der Schalk sprüht, erinnert Andrea sehr an den Chichibio, den guten Koch aus Boccacios *Decameron*. »Ich gebe zu, dass mir mein Job eigentlich gar keine Zeit für Hobbys lässt«, erklärt er, »ab und zu schwinge ich mich aber auf mein Motorrad und gebe Gas – das macht mir dann richtig Spaß!«

Aber die *zaleti*, die traditionellen venezianischen Maisplätzchen, machen ihm offensichtlich noch mehr Spaß. Doch das sagt er nicht, der Mann mit dem sympathischen Torten-Lächeln.

》In unserer Familie mögen wir alle gern Nutella.
Neulich komme ich doch abends nach der Arbeit
in die Küche, will mir noch einen Löffel genehmigen,
und was sehe ich? Mein Sohn hat die letzten Reste
ausgekratzt und mir das leere Glas hingestellt! Aber
wie hätte ich ihn dafür schimpfen sollen!《

Andrea Zanin

Süßer Doge aus Venedig

»Ein klassisches Dessert, das ich meiner Heimatstadt gewidmet habe, mit mehreren Schichten leichter Vanillecreme und glanzvoll überzogen mit feiner Zartbitterkuvertüre – eine ganz besondere Köstlichkeit.«

ergibt etwa **30** Stück

400 g NUTELLA®

für das Mandel-Biskuit:
350 g fein gemahlene Mandeln
100 g Mehl
500 g aufgeschlagene Eier
100 g zerlassene Butter
100 g Zucker

für die leichte Vanillecreme:
180 g Puderzucker
250 g weiche Butter
50 g konzentrierte Milch
2 Vanilleschoten
30 g Vanillelikör

Rumsirup zum Eintunken:
200 g Wasser
200 g Zucker
80 g mindestens 7 Jahre alter Rum

für die Glasur:
400 g Zartbitterkuvertüre
mit 70 % Kakaoanteil

Zuerst das Biskuit zubereiten: Geriebene Mandeln mit dem Zucker mischen, die Eier dazugeben und alles gut verrühren. Das durchgesiebte Mehl und die zerlassene, handwarme Butter unterrühren. Drei 20 x 30 cm große Streifen Backpapier schneiden und auf jedem etwa 300 g dieser Masse verstreichen. Im Umluftherd bei 200 °C in 10 Minuten backen.

Für die Vanillecreme die weiche Butter und den Puderzucker gut verrühren und mit dem elektrischen Handrührer schaumig schlagen. Die konzentrierte Milch, das Mark der aufgeschnittenen Vanillestangen und den Vanillelikör dazugeben und alles gut verrühren.

Für den Sirup das Wasser mit dem Zucker zum Kochen bringen. Ausschalten und den Rum unterrühren.

Einen der Biskuitböden auf eine Arbeitsfläche legen, mit dem Rumsirup beträufeln und mit einer Schicht Vanillecreme bestreichen. Einen zweiten, mit Rumsirup getränkten Biskuitboden darüberlegen und mit einer Schicht aus 200 g Nutella bedecken. Den dritten Biskuitboden auflegen, die restliche Vanillecreme mit 200 g Nutella verrühren, als letzte Schicht daraufgeben und glatt streichen.

Abkühlen lassen, in 5 x 3 cm große Rechtecke schneiden und mit der bei 40 °C geschmolzenen Kuvertüre sofort glasieren.
Jedes Törtchen nach Belieben dekorieren.

ADRESSEN

ABBILDUNGEN